실력도, 마인드도 당당하게!
제대로 일하고 제대로 인정받는 프로로 발돋움하는
당신을 응원합니다.

_____ 님께

_____ 드림

프리랜서처럼 일하라

2012년 9월 5일 초판 1쇄 발행
지은이 · 이근미

펴낸이 · 박시형
책임편집 · 권정희, 이혜진 | 디자인 · 박보희
기획 · 서정 Agency

경영총괄 · 이준혁
마케팅 · 권금숙, 장건태, 김석원, 김명래, 탁수정
경영지원 · 김상현, 이연정, 이윤하
펴낸곳 · (주) 쌤앤파커스 | 출판신고 · 2006년 9월 25일 제406-2012-000063호
주소 · 경기도 파주시 회동길 174 파주출판도시
전화 · 031-960-4800 | 팩스 · 031-960-4805 | 이메일 · info@smpk.kr

ⓒ 이근미 (저작권자와 맺은 특약에 따라 검인을 생략합니다)
ISBN 978-89-6570-083-8 (03320)

쌤앤파커스(Sam&Parkers)는 독자 여러분의 책에 관한 아이디어와 원고 투고를 설레는 마음으로 기다리고 있습니다.
책으로 엮기를 원하는 아이디어가 있으신 분은 이메일 book@smpk.kr로 간단한 개요와 취지, 연락처 등을 보내주
세요. 머뭇거리지 말고 문을 두드리세요. 길이 열립니다.

실력도, 마인드도 당당하게

프리랜서처럼
일하라

· 이근미 지음 ·

• 이 책은 방일영문화재단의 지원을 받아 저술·출판되었습니다.

3 소통이 실력이다

세상을 연결하는 끈은 무한대다

COMMUNICATION

4 끊임없는 업그레이드만이 살길이다

세상은 빠르게 변한다

SELF-MANAGEMENT

5 설명이 필요 없는 프로가 돼라

나를 최고로 디자인하라

PROFESSIONAL

프리랜서, 그리고 직장생활에 대한 오해와 진실 :
동경하거나, 혹은 만만하거나

●   "시행착오를 겪어서 얻은 상사의 노하우를 가만히 앉아서 손쉽게 받아놓고, 상사보다 뛰어나지 못한 부하는 모두 유죄다. 분발할게요!"

페이스북 친구가 담벼락에 올린 글이다. 그런데 이렇게 상사를 인정하고 상사보다 더 잘하기 위해 분발하겠다는 부하직원을 만나기가 쉽지 않은 세상이다.

'세상의 모든 상사는 부하가 못 미덥고, 세상의 모든 부하는 상사가 못마땅하다.'

상사도 부하도 없이 프리랜서로 20년 동안 이 회사 저 회사 다니면서 여러 상사와 부하를 만난 뒤 내린 결론이다. 물론 상사를 닮고 싶다는 부하도 만났고, 저런 부하는 존경스럽다는 상사를 만난 적도 있지만 그 숫자는 그다지 많지 않다.

이 책을 쓰는 동안 CEO나 임원들에게 "어떤 직원, 어떤 부하가 좋아요?"라고 마구 물어보았다. 그들이 말한 부하직원의 첫 번째 덕목은 '성실'이었다. 반대로 일반 직원들에게 어떤 상사, 어떤 CEO를 원하느냐고 묻자 '책임감 있는 사람'을 첫째로 꼽았다. 그렇다면 상사가 원하는 부하, 부하가 따르고 싶은 상사가 되려면 일단 '성실'과 '책임'을 다하는 데서 출발해야 하지 않을까.

그런데 이 둘을 모토로 삼고 사는 이들이 있으니, 바로 '프리랜서'다. 프리랜서는 CEO이면서 상사고, 동시에 부하이기도 하다. 성실함과 책임감이 없으면 당장 밥줄이 끊기니 클라이언트로부터 인정받는 프리랜서라면 성실하고 책임감 있다고 여겨도 좋을 것이다. 그렇다면 상사도 프리랜서 정신으로 일하고, 부하도 프리랜서 정신으로 일하면 웬만한 갈등은 해결되지 않을까?

물론 프리랜서처럼 하는 것이 모든 문제를 해결할 수 있는 방법은 아니다. 다만 세상과 1:1로 맞대결해 살아남은 프리랜서들에게는 그들만의 노하우가 있다. 선배가 끌어주고 후배가 밀어주는 직장인들과 비교하면, 프리랜서는 복불복에 걸려 한겨울에 텐트에서 웅크리고 자는 〈1박 2일〉 멤버쯤 될 게다. 매주 바깥에서 텐트를 치고 자다 보면 추위를 견디는 노하우가 잔뜩 생기지 않겠는가. 기댈 곳 하나 없는 프리랜서 세계야말로 '야생 버라이어티'가 아닐 수 없다.

나는 1991년에 대학을 졸업하고 2년간 꼬박꼬박 월급을 받으며 직장에 다녔다. 이후 독립해 프리랜서로 나선 후 20년째 프리랜서로 살고 있다. 이 책에서 직장에서 충분한 경험을 쌓으라고 말하려는 나는 정작 직장생활을 2년밖에 못한 셈이다. 그렇지만 프리랜서로 활동하는 가운데 여러 차례 기업에 출근하며 일을 진행했고 객원으로 참여한 회사도 여럿 있어 '반¥ 직장인'처럼 살았다. 그 과정에서 프리랜서와 직장인, 두 경험을 동시에 할 수 있었다.

프리랜서로 뛰면서 다양한 일을 했는데, 그 가운데 지속적으로 해온 것은 사람을 만나 인터뷰하는 일이다. 지난 20년 동안 대한민국 1%에 속하는 사람을 1,000명 정도 만났다. 각기 다른 영역에서 최고의 자리에 오른 그들에게는 공통된 '일의 철학'이 있었는데, 회사에 몸담고 있든 독립된 사업체를 운영하든 홀로 일하든, 모두 '프리랜서'처럼 일한다는 것이었다. 사람들을 만나면 만날수록, 이야기를 들으면 들을수록 나는 이것이 성공의 비결임을 확신하게 되었다.

나는 프리랜서 기자로 일하면서 방송과 광고, 홍보, 출판 쪽의 일에 관여했다. 여러 권의 비소설과 소설을 출간했고, 시사월간지 객원기자, 시사주간지 편집위원으로 일하면서 대학에서 강의를 하고 있다. 2008년 자기계발서를 출간한 이후 공공기관, 기업, 학교 등에서 강연도 하고 있다. 실로 다양한 분야의 일을 해본 셈이다. 그러면서 같은 업계는 물론 그 외 다양한 분야의 프리랜서들과 교류했다. 그 결과, 모든 분야의 프리랜서를 알지는 못하지만 '정신'은 일맥상통할 수밖에 없음을 깨닫게 되었다. 이 책은 어떻게 하면 프리랜서가 되고, 그 분야에서 성공할 수 있는가를 다루려는 것이 아니다. 혹독한 세상에서 살아남을 수 있는 '프리랜서 정신'을 공유하고자 하는 것이다.

프리랜서는 아무런 보호장치 없이 혼자 기업과 개인을 상대로 모든 일을 헤쳐 나가야 한다. 쉬운 상대는 없다. 대상에 맞춰 스스로 룰을 정해 조건을 제시하고 일을 성사시켜 수익을 창출해야 한다. 단 한 번의 실수도 용납되지 않는 비정한 세계, 그것이 바로 프리랜서가 사는 세상이고 이를 견뎌낼 수 있는 동력이 바로 '프리랜서 정신'이다.

그렇다면 '프리랜서처럼 일하라'는 것은 구체적으로 어떤 의미인가. 많은 얘기를 하겠지만, 가장 중요한 것은 세 가지로 정리할 수 있다.

첫째, 프리랜서에게는 연습이 없다. 직장에서는 한두 번 잘못해도 만회할 기회가 오지만 프리랜서는 단 한 방에 결판이 난다. 타자는 세 개의 공 가운데 하나를 쳐서 1루만 진출해도 박수를 받지만 프리랜서는 딱 한 번 날아오는 공을 제대로 쳐서 홈런을 날려야만 다음에도 부름을 받는다. 그렇기 때문에 일을 맡으면 무조건 완벽하게 해내야 한다.

둘째, 프리랜서는 거절하면 안 된다. 이 회사와 다시 일하지 않을 생각이라면 몰라도, 그게 아니라면 시간을 쪼개서라도 맡아야 한다. 특히 확고하게 자리잡기 전까지는 어떤 일이든 받아들여야 한다. 100m 단거리부터 마라톤까지 다 출전한다는 정신으로 달려야 한다는 뜻이다.

셋째, 프리랜서는 원만해야 한다. 일 잘하는 것은 기본이고 어떤 클라이언트와도 화합할 수 있는 원만함을 갖춰야 한다. 처음 한두 번은 일 잘하는 걸로 통할지 모르나, 파트너십을 갖고 오래 가려면 어울림은 필수다. 이 모든 것은 결국 '성실'과 '책임'으로 귀결된다.

한 분야에서 10년을 일하면 일가를 이루고, 20년을 일하면 대가가되고, 30년 이상 일하면 입신의 경지에 이른다고 한다. 시간만 때운다고 되는 건 아니겠지만, 어쨌든 기간으로만 따진다면 나도 어느덧 대가의 길목 앞에서 얼쩡거리게 되었다.

20여 년 동안 소속 없이 살면서 깨달은 세상살이 법칙, 그리고 수많은 인터뷰이들의 이야기에서 도출된 성공의 법칙, 그것은 '프리랜서처럼 일하라'는 것이다. 장담하건대 프리랜서 정신으로 뛰면 어디서든 살아남을 수 있다. 내 삶을 내가 멋지게 경영하고 싶다면, 회사에서 유능한 사원이 되고 싶다면, 프리랜서를 기억하라. 더도 말고 덜도 말고 프리랜서처럼만 일하라. 프리랜서처럼 한다면 단언컨대 직장에서 대단히 환영받는 인물이 될 것이다. 그리고 혹시 큰 뜻을 품고 직장을 그만둘 생각이 있는 분이라면 이 책을 통해 정신무장을 할 수 있을 것이다.

인터넷 독서토론 회원들을 만난 자리에서 "어떤 책을 원하느냐"고 묻자 "여기저기에 인용된 내용을 다시 우려먹는 책, 직접 겪지 않고 남의 경험을 짜깁기한 책, 자신이 잘 모르는 내용을 들먹이는 책은 싫다"고 했다. 그래서 이 책에는 내가 겪었거나, 내가 인터뷰했거나, 프리랜서거나 클라이언트인 나의 지인들과 나눈 내용을 담았다. 내가 20년 동안 일하면서 직접 듣고 깨달은 것을 중심으로, 철저하게 현실에 발붙이고 있는 이야기만 썼다. 그리고 이를 다른 어떤 곳에도 인용되지 않은 싱싱한 사례들로 뒷받침하기 위해 노력했다.

앞에서 대가 운운했지만 사실 나는 허점투성이다. 이 책에서 "마감은 죽어도 지켜라"라고 주장하겠지만 나 자신이 마감을 못 지켜서 얼굴 붉힌 적도 있다. 따라서 이 책의 내용은 내가 대단하다는 이야기가 아니라, 어디까지나 자신이 스스로의 보호막이 되어 치열하게 달려가는 프리랜서 정신을 배우자는 것이다. 최전선에 서 있는 그들에게는 절박함이 있고, 그 정신이 많은 불가능을 가능하게 한다.

따지고 보면 인간은 어차피 프리랜서다. 소속이 있건 없건, 결정의 순간은 고독하고 모든 책임은 자신이 져야 한다. 그런가 하면 프리랜서의 삶은 자유를 만끽하면서 자기 꿈을 실현할 수 있는 꿈의 무대이기도 하다. 자유롭게 하고 싶은 일을 하면서 자기계발을 열심히 해 인생 계단을 성큼성큼 올라갈 수 있다. 그런 의미에서 본다면 모든 사람이 프리랜서 정신으로 무장하고 살아야 한다. 프리랜서들이 사는 법을 안다면 세상살이가 한결 편해질 것이다.

글 쓰는 달란트를 주신 하나님께 모든 영광을 돌리며, 그동안 일을 맡겨주신 대한민국을 이끌어가는 클라이언트들께 감사 인사를 드린다. 요소요소에서 많은 가르침을 주신 선배님들과 이번 책을 쓸 때 기꺼이 인터뷰를 해주신 지인들에게 고마움을 전한다. 책을 잘 만들어주신 쌤앤파커스 관계자 여러분과 서정 Agency에도 감사드린다.

이근미

PART 1

대체 불가능한
인물이 돼라

실 력 만 이 나 를 대 변 한 다

ABILITY

ability

바닥을
단단히 다져라

●   "10층 건물을 짓는다면 지상 10층을 올리는 데 드는 비용을 지하에도 똑같이 투자해야 한다. 그렇지 않으면 견고한 건물을 지을 수 없다."

건축가들이 하나같이 주장하는 말이다. 기초가 튼튼해야 건물이 오래간다는 건 만고의 진리다. 비단 건물뿐 아니라 무엇이든 기초가 중요하다는 것은 다 아는 얘기지만, 아는 것을 적용하지 않는다는 게 문제다.

요즘 힘들게 입사한 후 얼마 안 가 퇴사하는 사람들이 늘고 있다. 신입사원의 이직률이 상당히 높다는 통계는 이 이야기가 거짓이 아님을 입증한다.

신입사원의 최대 불만은 단순한 일을 시킨다는 것이다. 갖은 스펙을 쌓아 어떤 일이든 맡기기만 하면 다 해낼 자신이 만만한데 복사 심부름에 차 심부름이 웬 말이냐며 볼멘소리다. 상사 입장에서 보면 작은 일 하나하나도 다 훈련이지만 갈 길 바쁜 신입사원들의 마음은 그렇지 않다. 건물 공사로 치면 콘크리트가 채 양성되기도 전에 기둥부터 박으려고 하는 셈인데, 그러다가는 부실한 건물을 지을 확률이 높다.

내 경험에 비춰 되돌아보면, 직장에서 보낸 하루하루가 다 피가 되고 살이 된 훈련기간이었다. 신입사원 때 겸손한 자세로 상사들을 따르면서 배운 것이 나중에 다 도움이 되었다. 꼭 업무와 관련된 일이 아니더라도 마음먹기에 따라 공부가 된다. 상사가 대단히 불합리한 사람이라고 하자. 그런 사람 밑에서 일하다 보면 삐딱한 사람을 대하는 나름의 노하우가 생기지 않겠는가.

차근차근 훈련을 받을 수 있는 직장에서 그때그때 충실히 일하면 절로 실력이 쌓인다. 가능한 한 신입사원을 혹독하게 훈련시키는 회사에 들어가서 열심히 배우는 게 유리하다. 직장은 돈 주고도 못 배울 노하우를 전수받고, 인맥을 쌓으며, 월급까지 딱딱 받는 일석삼조의 현장이다. 회사에 들어가면 일단 긴 인생 헤쳐 나갈 자산이 두둑이 생기는 셈이다.

"어시스턴트들은 월급을 받아갈 게 아니라 수업료를 왕창 내야 한다. 얼마나 대단한 노하우를 배우는지 깨닫기라도 했으면 좋겠다"고 말하는 종합여성지 K편집장의 말에 백번 동의한다. 직장을 떠나면 공식적으로 훈련받을 기회가 없다. 그렇기 때문에 직장에 있는 동안 업무든 교육이든 인간관계든 스펀지처럼 빨아들이며 그 기회를 누려야 한다.

나는 길지 않은 직장생활 가운데 운 좋게도 강도 높은 훈련을 두 번에 걸쳐 받았다. 창간준비 중이던 주간신문에 입사, 여기저기서 스카우트해온 유능한 기자들과 함께 3개월 동안 교육을 받게 되었다. 3박 4일 합숙훈련을 비롯해 외부에서 초청한 유명강사들에게 다양한 강의를 들었다.

유명 잡지사에서 인턴사원으로 일할 때도 그랬다. 리포터로 기용되었는데, 몇 달 동안 실적을 보고 공식 입사시킨다는 비공식 언질이 있었다. 대학선배인 특종기자의 어시스턴트로 일하면서 혹독한 훈련을 받았다. 선배는 "기자에게 가장 중요한 덕목은 첫째 섭외력, 둘째 취재력, 셋째 문장력이다. 글만 잘 쓰면 누구나 기자 하는 줄 알지만 섭외가 안 되면 인터뷰를 할 수 없고, 아무리 좋은 취재원을 만난들 제대로 뽑아내지 못하면 무슨 소용이 있나. 괜히 글 좀 쓴다는 착각에 이 일을 쉽게 생각하지 말라"고 따끔하게 지적하며 호되게 몰아붙였다. 6개월간 매일 밤 12시가 넘어서 집에 돌아왔다.

당시 그 잡지사는 국내 유명회사에서 거대 자본을 들여 각 여성지의 스타기자들을 영입, 창간준비를 하고 있었다. 나오자마자 판매율 1, 2위를 다투었는데, 거기에 내 기사가 열 꼭지 넘게 실렸고 그중 세 꼭지는 특종이었다. 그러나 이후 치명적인 오보를 내는 바람에 잡지는 세 권 만에 폐간되었고, 졸지에 나는 광야로 밀려나게 되었다.

하지만 두 번에 걸친 전문적인 훈련이 내게 든든한 양식이 되어 광야를 건너기가 힘들지 않았다. 곧바로 여러 잡지에 기고를 하게 되었고, 사사社史 필자로 영입되었으며, 사사 작업을 끝내자마자 SBS 라디오 시사프로그램의 메인작가를 맡았다. 이 모든 것이 두 차례에 걸친 혹독한 훈련과정이 있었기에 가능했다.

"요즘 신입사원들은 똑똑하고 일은 잘하지만, 서포터 정신이 없고 스타 의식만 강하다. 허드렛일은 안 하려고 한다." 국내 한 대기업 Y부장은 처음에는 무슨 일이든 해야 하는데, 지시만 하면 상사에게도 "왜 그걸 내가 해야 하느냐"고 되물을 정도로 당돌하다며 고개를 내저었다.

"일단 입사했으면 기업 풍토에 자신을 맞춰가야 하는데 수틀리면 그냥 나가버린다. 조직생활을 힘들어한다. 특히 상사가 마음에 안 들면 견디지 못한다. 하지만 상사는 조직이 선택한 사람이다. 조직에 들어온 이상 견디면서 융화하고 그들의 성공 노하우를 터득해야 하는데, 바로 나가버리면 대체 뭘 배우겠다는 건가. 마음에 안 들면 버텨 실력을 쌓은 뒤 협상이라도 해서 조직을 만들어나가야 한다. 그런데 다들 참지 못한다. 나는 우수한데 회사가 비효율적이고 비전문적이라고 생각한다. 하지만 밖에 나가봐도 사정은 똑같다. 어느 조직이든 똑똑한 사람이 있고, 이상한 사람이 있다. 자신만 특출한 줄 알지만 누구나 처음엔 자신을 그렇게 생각한다."

얼마 전 스펙이 최고인 해외유학파가 회사를 그만두려 한다는 '속보'가 페이스북에 올라왔다. 모 시인이 담벼락에 조카의 사연을 올린 것이다. 이야기인즉슨 이렇다.

'세계 최고 수준의 금융회사에서 세계 최고 수준의 연봉을 받는 녀석이 겨우 입사 3년차에 그만두겠다고 한다. 이유는 희망이 없어서라는데, '시건방'이 하늘을 찌른다. 세상 물정 모르는 하룻강아지! 상급자들, 특히 임원들 모습을 보아하니 앞으로 자기가 살아야 할 인생이라기엔 도무지 인정할 수 없는 품질의 삶이라는 것이다. 날마다 술 접대, 골프 접대에 출장, 실적 스트레스에… 자본의 관성에 떠밀려 결국 연봉에 전전긍긍하는 좀비가 되는 퇴행을 견딜 수 없다며 어렵더라도 좋은 친구들과 창업해서 행복한 노동을 하겠단다. 아니면 공부를 더한 뒤 돌아오겠다고 한다. 조직에서 전범이 될 만한 선배가 없다는데 더 이상 무슨 말을 하겠나. 그래도 말리고 싶은 내가 속물인가?'

수십 개의 댓글이 달렸는데 40대인 시인의 친구들은 대부분 '멋진 조카다. 나도 젊었다면 그러고 싶다'며 응원을 보냈다. 날카로운 충고를 적은 사람은 서너 명에 불과했다.

'창업. 적어도 3년은 버틸 투자자금이 있어야 함. 현실적으로! 사업, 무서운 거라고 꼭 전해주세요. 그러나 그것도 좋은 경험이 되더군요.' '허나 사업을 시작하면 더 극심한 접대 스트레스에 시달리게 됩니다. 견디기 쉽지는 않을 겁니다. 실력으로 돌파한다? 경쟁사도 비슷한 실력을 장착한 상태일 게 빤한데 과연 그게 가능할까요? 어디건 누구건 돈과 면식을 이기기는 힘듭니다. 'know how'와 동등한 관통력을 가진 무기가 바로 'know who'라는 말이죠.' '신입의 위치에서 바라보는 임원의 세계는 단편적일 수도 있습니다.' '공부하고 와서는 호락호락하겠습니까? 텃세도 심해졌을 것이고, 나이와 학력에 비해 경력이 없는 데다 그네들의 범주에 들어 있지도 않았는데 재편입이 쉽겠습니까? 선뜻 방석 하나를 내주지는 않을 겁니다.'

나중에 그 시인에게 전화해서 결과를 물어봤더니 "설득해서 주저앉혔다"고 했다. 직장생활 2년으로 상사들의 세계를 다 안다고 말할 수는 없을 것이다. 그리고 좀 더 경험을 쌓아서 창업을 하는 게 더 안전한 건 두말할 나위 없는 일이다.

연봉이 적다며 입사를 보이콧하는 경우도 왕왕 봐왔다. 자주 드나들던 회사 중 업계 최강인 곳에서 경력지원자가 많은데도 신입사원을 선발한 일이 있었다. 100대 1에 가까운 경쟁을 뚫고 신입사원 두 명이 뽑혔다. 그런데 여자 합격자가 월급이 적다며 입사를 거부했다. 나중에 충분히 오른다고 설명했지만 다른 업종과 차이가 많이 난다며 뒤도 안 돌아보고 떠났다. 단순직이 아닌 전문직이어서 현업에 투입하기까지 시간이 걸리기 때문에 초봉이 적은 걸 이해하지 못한 것이다. 회사에 대한 자부심이 높았던 직원들이 후유증을 겪을 정도로 파장이 컸다. 단지 초봉만으로 회사를 선택하는 건 매우 위험한 근시안적 사고다. 이후 전망을 고려해, 전문적인 커리어를 쌓을 수 있는 직종이라면 적은 초봉도 견디는 것이 좋다.

신입사원이 회사를 고를 때 감안해야 하는 것은 단 두 가지다. 일을 확실히 배울 수 있는 곳인가, 이곳에서 일한 것이 후에 경력으로 작용할 수 있는가다. 두 가지만 충족된다면 입사해 실력을 기르는 것이 좋다. 그리고 회사에 들어가면 긍정적인 눈으로 좋은 점을 보면서 기량을 충분히 쌓도록 노력해야 한다. 그래서 회사가 원하는 사람이 되면 기회는 얼마든지 생긴다. 회사에서 승진을 하든지, 더 나은 회사로 옮기든지, 프리랜서로 나서든지 다양한 길이 열리는 것이다.

　프리랜서들은 회사와 일할 때 자신의 주장은 배제하고 완벽히 그 회사의 색깔에 맞추기 위해 애쓴다. 직원보다 회사를 더 정확히 파악하고 그들의 입맛에 맞게 일하기 위해 노력해야 하는 직업이 바로 프리랜서다. 외부인사인 프리랜서가 이럴진대, 직원이라면 어떻게 해야겠는가.

　좀 열악한 환경에서 독한 상사에게 스트레스 받아가며 키운 전문성이 자신에게 큰 자산이 된다. 너무 조건이 좋고 스트레스가 없는 회사에 들어가면 오히려 야성(?)을 키울 투지가 생기지 않는다. 분업이 잘되어 부분적인 일만 처리하는 회사보다 이것저것 닥치는 대로 다 해야하는 작은 회사에서 실력이 부쩍 자라는 수도 있다. 그러니 너무 좋은 회사만 고집하다 기회를 놓치지 말고, 바닥을 단단히 다질 수 있는 회사라면 다른 면이 좀 부족하더라도 선택해야 한다.

　제아무리 괴로운 회사여도 프리랜서보다는 나은 환경일 것이다. 당장 내일에 대한 불안감은 없기 때문이다. 요즘 직장도 불안하다지만, 프리랜서보다는 나은 것이 사실 아닌가. 든든한 울타리가 되어주는 회사에 있는 동안 충분히 배우고 충분히 사귀고 충분히 누려라. 기초를 튼튼히 해야 어떤 폭풍우가 몰아쳐도 견딜 수 있다. '비 오는 날 따끈한 커피 한잔 마시면서 밖을 내다볼 때' 행복지수가 올라간다고 한다. 남들은 밖에서 비바람을 맞고 있는데 안온한 실내에서 편안함을 즐길수 있는 여유는 젊은 날 다진 튼튼한 기초에서 나온다.

결코
지름길은 없다

●   "선배, 일하다 남는 거 있으면 좀 주세요."

어느 날 후배로부터 갑자기 전화가 걸려왔다. 글 쓰는 일을 전혀 해보지 않은 친구여서 선뜻 대답할 수가 없었다. 내가 머뭇거리자 이어서 말했다.

"글 쓰는 거 그거, 하면 되지 뭐. 학교 다닐 때 나 글 좀 썼어요. 그동안 안 써서 그렇지 쓰면 금방 돼요."

요즘 블로그 등에 너도나도 글을 쓰다 보니 기사 쓰는 일을 쉽게 생각하는 경향이 있는 듯하다. 그러나 사정 모르고 하는 소리다. 기자들은 대개 짧은 글부터 쓰기 시작한다. 선배들과 편집장으로부터 압박과 설움을 받아가며 글쓰는 법을 익히고, 점차 긴 글쓰기로 나아간다. 그에 앞서 섭외하고 취재하는 법도 익혀야 하고, 기획하는 법도 배워야 한다. 힘든 과정을 거쳐 다들 지금의 자리에 왔는데, 준비과정을 무시하고 나서는 사람을 누가 기용하겠는가.

그런가 하면 겸손하게 부탁하는 후배도 있었다. 대학을 졸업하고 바로 대학원에 다녀 사회를 경험할 기회가 없었다며, 작은 거라도 시켜주면 열심히 배워서 쓰고 싶다고 했다. 아는 기자에게 부탁해서 기고할 수 있게 해주었더니, 일을 맡으면 비슷한 기사를 찾아 읽고 또 읽은 뒤 질문사항을 미리 뽑고, 관련 자료를 찾아 준비를 철저히 했다. 원고료가 많지 않았지만 때로 지방까지 가는 일도 불사했고, 취재를 한 뒤에도 구성을 치밀하게 하느라 공을 들였다. "다양한 사람을 만나 인터뷰하면서 세상을 많이 알게 되었다"고 좋아하며, 감사 인사도 빼놓지 않았다.

"나도 ○○나 해볼까?"

10년, 20년 경력자 앞에서 준비가 전혀 안 된 사람들이 이런 말을 하는 경우도 있다. 드라마 작가들이 특히 이런 얘기를 많이 듣는다. 생전 글을 써본 적도 없는 사람이 "드라마나 써볼까?" "내 얘기 쓰면 대하드라마 한 편 뚝딱이야"라며 한마디씩 한다는 것이다.

〈국희〉, 〈자명고〉 등 여러 드라마를 쓴 정성희 작가는 "내용이 친숙하고 대화로 극이 이어지니 쉽게 생각되는 모양이다"라고 했다. 그러나 드라마의 경우 아무리 적어도 수십억 원의 제작비가 들기 때문에, 검증되지 않은 작가는 기용하지 않는다.

정성희 작가는 드라마를 '수 싸움'이라고 했다. 누가 경우의 수를 더 많이 갖고 있느냐에서 수준이 갈린다는 것이다. "전략이 있다고 이기는 게 아니다. 전투를 잘하는 사람이 이긴다. 싸움이 시작되면 예상과 다른 경우의 수가 나올 수 있다. 그럴 때는 실전에서 뛰어본 사람이 이긴다." 그녀는 실패한 드라마와 성공한 드라마를 면밀히 검토하며 전투력을 기른다고 했다.

이렇듯 드라마 작가들은 평소 준비도 철저하거니와, 일단 작품 쓰기에 돌입하면 거의 목숨을 내놓을 정도로 치열하게 임한다. 그런데도 일할 기회가 자주 오지 않아 한두 편 쓰고 사라진 작가가 숱하다. 사정이 이러니, "한번 해볼까?"라는 말은 자신이 애송이임을 증명하는 화법일 뿐이다.

무슨 일이든 시작할 때 가장 먼저 해야 할 것은 '준비'다. 준비운동을 제대로 하지 않고 격렬한 운동을 하면 바로 탈이 나고, 실력을 쌓지 않고 실전에 돌입하면 단명한다. 연기력 없는 신인이 큰 역할을 맡는 건 연기수명을 스스로 단축시키는 일이다. 어떤 분야든 충분히 준비되었을 때 나서야 한다. 직장은 준비하기에 유리한 곳이다. 신입사원 시절엔 빛을 못 보더라도 여러 부서를 돌며 충분히 준비를 하면 자신의 능력을 펼칠 수 있는 순간이 오기 때문이다.

여대생들의 NO.1 롤모델로 손꼽히는 MBC 김주하 앵커. 입사하자마자 주요 뉴스를 맡았을 것 같지만, 사실은 그렇지 않다. 입사 후 2년간 새벽 시간에 아나운서가 아닌 리포터로 활동했다. 2년이나 TV에서 얼굴을 보기 힘들자 주위 사람들이 "방송사 들어갔다더니 왜 안 나오냐?"고 물을 정도였다고 한다. 이런 일화도 있다. 어느 날 그녀가 아나운서실 문을 열자, 왁자하게 떠들던 동료들이 갑자기 조용해졌다고 한다. 탁자 위에 펼쳐놓은 사보에 '앞으로 10년 후 MBC를 이끌어갈 인재'를 소개하는 기사가 실려 있었는데, 김주하 앵커는 거기 없었던 것이다.

그러나 1999년, 손석희 아나운서가 아침 뉴스를 맡을 때 함께할 여자 아나운서로 낙점된 이는 바로 그녀였다. 2년간 현장을 뛰면서 직접 리포팅을 한 경력 덕분이었다. 함께 진행을 하면서 손석희 아나운서는 '5분 앵커 코너'를 신설해 매일 현장을 뛰게 했고, 방송할 때 원고 내용을 띄워 보여주는 프롬프터를 끄고 앵커 멘트를 하게 했다. 그런 훈련 덕분에 김주하 앵커는 이후 MBC 9시 뉴스 최초로 여성 단독 앵커가 되어, 방송사에 이름을 남길 수 있었다.

초창기에 받은 혹독한 훈련은 이후 회사생활에 큰 밑거름이 된다. 실력 있는 선배 밑에서 눈물 쏙 빠지게 야단맞으면서 훈련받는 기회를 갖는 것만큼 행복한 일은 없다. 성공한 프리랜서들은 대개 회사에서 훈련을 많이 받았거나, 바닥부터 기어 힘들게 일어선 사람들이다.

그런데 각종 스펙으로 무장한 데다 영어에 능통한 신입사원 중에는 상사들을 한심하게 생각하는 부류가 있는 듯하다. 디지털 환경에 적응하지 못하는 모습이라도 보이면 무능한 사람 취급하는 것이다. 과연 그렇게 단순하게 판단해도 되는 걸까. 상사들은 부하직원이 걸어온 길을 다 거쳐서 그 자리에 올라왔다. 손은 좀 둔할지 모르지만 엄청난 업무 노하우와 직장생활의 지혜를 축적한 사람들이다. 부하직원 눈에는 상사가 부족해 보여도 상사는 부하직원의 능력을 다 살펴보고 있다.

일 잘하고 열심히 하는 직원, 일은 못하지만 열심히 하는 직원, 일은 잘하는데 열심히 하지 않는 직원, 일도 못하면서 열심히 하지도 않는 직원을 정확하게 가려낸다. 모 기업 상무는 "요즘 젊은 친구들은 상사들이 자기들보다 굼뜨다고 생각하지만, 노련한 매처럼 무섭게 지켜보고 있다는 걸 알아야 한다"고 충고한다.

시간을 들여 쌓은 경험의 힘은 강하다. 산전수전은 물론 공중전까지 거쳐 지혜를 쌓은 상사들과 유대관계를 돈독히 하고, 그들의 지혜를 전수받아 내 것으로 만들어야 한다. 지름길은 없지만, 각종 팁과 노하우가 담긴 조언을 듣고 길을 찾아 걷는 것과 그렇게 하지 않는 것은 천지차이다.

성능 좋은 모터보트로 강을 휙 건널 생각을 하는 것보다는, 더디더라도 맨몸으로도 강을 건널 실력을 기르는 것이 장기적으로 볼 때 현명하지 않을까? 수많은 경우의 수가 존재하는 정글에서는 기초체력이 약하면 살아남기 힘들다. 실력으로 승부하는 1% 프리랜서처럼, 요행이나 꼼수를 바라지 말고 차곡차곡 자신만의 경쟁력을 키우는 끈기가 필요하다.

처음부터 큰 회사가
정답은 아니다

● 　요즘 취업난이 심각하다고들 하지만, 취업은 어느 세대나 힘들었다. 내가 대학을 졸업한 1990년대 초반에는 사실상 여대생 공채가 없었으니 여대생에게는 취업난이라는 말조차 붙일 수 없었다.

창작을 전공한 나의 대학동기들은 취업에 무관심했다가 4학년이 되면서 현실에 눈을 떴다. 졸업할 때까지 동기생 40명 가운데 취직한 친구는 손에 꼽을 정도밖에 되지 않았다. 그러나 결론부터 말하면 현재 공채를 거치지 않고도 메이저급 회사에 안착한 동기들이 많다. 대기업 팀장, 잡지사 편집장, 방송사 PD, 무대 감독 등으로 여러 전문 분야에서 일하고 있다. 비결은 '경력 쌓기'다. 졸업 후 선망하는 직장에 들어가지 못하게 되자 알음알음으로 작은 기획사나 프로덕션에 들어갔고, 경력을 쌓아 회사를 옮겨가다 최종적으로 메이저급에 안착한 것이다.

일례로 동기 중 한 명은 패션 전문 광고회사에 들어가 오랫동안 일했다. 규모가 그리 크지 않은 회사여서 직원이 많지 않았고, 그만큼 진급이 빨랐다. 동기는 입사한 지 얼마 안 돼 패션 카탈로그 작업을 하느라 세계 유명 도시로 출장을 다니는 등 굵직한 프로젝트를 해냈다. 큰 회사에 들어가 아직 독립적으로 일을 맡지 못한 동기들과 자연스레 비교되는 부분이었다.

업무가 세분화된 큰 회사에 들어가면 코끼리 다리만 만져야 한다. 반면 작은 회사에 가면 덩치 큰 코끼리와 씨름하면서 밥도 먹이고 훈련도 시키게 된다. 몇 년 후 누가 더 유능하게 될지는 미지수다. 내가 원하는 회사에 가서 내가 하고 싶은 일을 할 기회가 온다면 모를까, 세월만 보내게 될 가능성이 높다면 지금이라도 빨리 나를 원하는 회사에 가서 코끼리를 만나는 게 좋다. 프리랜서로 뛰어온 경력에 비추어보건대, 작은 회사에 들어가서 큰일을 맡아 다양한 경험을 하는 것이 훗날의 도약을 위한 디딤돌이 된다. 내가 현장에서 만난 많은 클라이언트들은 실력을 중요시했지, 간판을 중요하게 여기지 않았다.

엄청난 경쟁을 뚫고 공채시험에 붙으면 좋겠지만, 그럴 여건이 안 된다면 스펙보다 경력을 쌓는 데 힘을 기울여야 한다. 졸업을 미루고 각종 스펙을 쌓기보다는 최종적으로 목표하는 분야와 비슷한 곳에서 경력을 쌓는 게 중요하다. 일명 '바운딩 기법'이라고, 내가 만든 용어인데 농구 골대에 공을 넣을 때 몇 번 바닥에 튀긴 다음 넣는 것에 비유한 말이다. 3점슛을 넣으면 좋겠지만, 잘 안 되면 몇 번 바운딩해서라도 2점슛을 여러 번 넣으면 된다. 점수를 많이 내서 이기면 되는 것 아닌가. 채용인원은 한정되어 있으니 원하는 사람이 모두 뽑힐 수는 없다. 그럴 때는 동종업계의 회사에 들어가 경력을 쌓은 뒤, 좀 더 경쟁력이 있는 회사로 옮겨가다 최종적으로 자신이 원하는 회사에 들어가는 것이 현명하다. 그러므로 입사 전 반드시 큰 규모, 높은 연봉만 따질 게 아니라 실력을 쌓을 수 있는지 여부를 따져봐야 한다. 그 실력과 경력이 훗날 부가가치를 창출한다.

성격 급한 우리나라 사람들은 예열 없이 바로 실행하는 걸 좋아하고, 일이 끝난 후 뒤처리로 골치 아픈 걸 싫어한다. 사람도 바로 현업에 투입할 수 있는 이를 필요로 하고, 나중에 따로 대우해주지 않아도 되는 선에서 적당히 관계가 끝나길 바란다. 그래서 경력사원을 선호하고, 부담이 될 만한 직급은 알아서 떠나길 원한다.

세상은 실리적으로 움직인다. 원하는 회사에서 신입사원을 뽑지 않는다면, 스스로를 경력사원으로 만드는 수밖에 없다. 앞서도 얘기했듯 경력사원을 찾는 이유는 바로 실무에 투입하기 위해서다. 2~3년간 업무 능력을 쌓아 원하는 직장에 진입하는 방법을 찾아봐야 한다. 어떻게든 일자리를 얻었다면 열심히 일하면서 자기를 계발하는 일도 게을리하지 않아야 한다. 이러한 전략으로 요즘 한두 번, 혹은 서너 번씩 자신의 몸값을 높여서 옮겨가는 경우가 많다.

아나운서들 중에도 지방 방송사나 케이블TV에 입사했다가 공중파에 입성한 경우도 많고, 전문지나 무명신문사에서 유명신문사로 옮겨간 기자들도 많다. 물론 처음부터 처우도 좋고 경쟁력 있는 회사로 들어가면 좋겠지만, 그게 여의치 않다면 경력을 쌓아 옮기는 방법을 적극 고려해보자.

대학원에 다니며 아르바이트를 하는 동기나 후배들은 거의 대부분 과외교사로 일했다. 한번은 아르바이트를 하더라도 앞으로 가고 싶은 직종과 연관된 일을 하라고 했더니, "그런 데를 어떻게 들어가는지 모르겠다"고 털어놓았다. 방법을 찾아야 한다. 나중에 하고 싶은 일이 있는데 계속 과외만 하고 있으면 결국 학원 강사로 나가게 된다. 실제 그런 친구를 여럿 봤다. 물론 학원가에서 빛을 발해 스타 강사가 된 친구도 있으니, 그런 경우는 오히려 잘된 일이다. 하지만 그쪽에서도 자리를 못 잡고 시간만 보내다가 결국 자신이 원하는 곳으로 가지 못하는 이들이 더 많다.

잘하는 것과 하고 싶은 것이 일치하면 행복하다. 마찬가지로 내가 원하는 회사와 나를 원하는 회사가 일치하면 더할 나위 없이 좋은 일이다. 하지만 인생은 꼭 내 마음대로 되지 않는다. 내가 원하는 회사에 가서 하고 싶은 일을 하면 좋겠지만 나를 원하는 회사에서 내가 잘하는 일을 하는 것이 훨씬 득이 될 수도 있다. 첫술에 배부르기 힘든 법, '바운딩 기법'을 살려 나를 키워나가면 나와 잘 맞는 회사를 만나 서로 만족하게 될 것이다.

ability

한 방에
떠야 한다

● '프리랜서freelancer'란 중세 유럽의 용병傭兵에서 유래한 단어다. 용병은 보수를 받고 복무하는 군인을 뜻하며, 요즘은 프로야구나 축구에서 뛰는 외국 선수들을 용병에 비유하기도 한다. 이들은 대개 우월한 신체조건과 파워풀한 역량을 갖추고 있어 팀 전력의 큰 축을 담당한다. 선발하고 운영하는 데 많은 비용이 투입되기 때문에 그들에게 거는 기대도 크다. 그런 만큼 용병은 몸값을 하지 못하면 내일을 보장할 수 없다. 어쩐지 살벌한 기운도 돈다. 목표를 향해 달려가느라 여유가 없고, 혹시 잘못하면 바로 아웃되는 처지이니 말이다.

그러나 사람들은 프리랜서라고 하면 자유와 해방감부터 떠올린다. 예전에 '프리랜서'라는 의류 브랜드가 있었다. 광고 콘셉트는 말할 필요 없이 '자유'였다. 캐주얼한 옷을 입은 남자가 홀로 지프 같은 RV차량을 몰고 여행을 떠나 아름다운 곳에서 멋진 포즈를 취하고 있으면 음악과 함께 'FREELANCER'라는 자막이 떴다. 그 광고만 보면 프리랜서는 한 달에 며칠만 일하고 유유히 여행 다닐 수 있는, 낭만을 즐기는 사람처럼 보였다.

내가 프리랜서의 인기를 피부로 실감한 것은 인터넷이 막 활성화되던 1999년경이다. 발 빠른 사람들이 인터넷을 활용한 사업을 구상하던 시절이었다. 당시 온스터디라는 회사가 인터넷 무료강의를 계획하면서 강사를 모집했는데, 그 회사 대표와 친분이 있는 후배의 권유로 나도 한 과목을 맡았다. 그때 강의 제목이 '프리랜서로 살아가기'였다. 인터넷 환경이 그리 좋지 않은 데다 알려진 회사도 아니었지만 첫 달 수강생 모집 사흘 만에 50명 정원을 채웠다. 100명을 모집한 다음 기수는 단 몇 시간 만에 마감됐다. 이틀에 한 번씩 강의안을 올리고, 수강생들이 과제를 내면 일일이 그에 대해 코멘트를 하는 게 내 일이었다. 당시 수강생들의 80%가 20~30대 직장인들이었는데, 채팅을 해보니 대부분 "장차 프리랜서로 일하면서 자유롭게 살고 싶다"고 했다.

세월이 꽤 흐른 요즘도 그때와 사정이 별반 다르지 않은 것 같다. 아니, 오히려 그 열망이 더 강해진 느낌이다. 대학원에 다니는 학생들과 얘기해보면 프리랜서에 관심이 많은 친구들이 제법 있다. 프리랜서를 '자유롭게 일하면서 자아실현도 할 수 있는 직종'이라고 정의하고는, 졸업하고 바로 프리랜서로 나서고 싶다고들 했다.

프리랜서는 어떤 이들일까? 그들은 어떻게 일을 할까?

업무상 가장 큰 특징은 무슨 일이든 단 '한 번'에 끝내야 한다는 점이다. 절대 두 번의 기회는 없다. 회사에서는 부하직원이 한 일에 대해 상사가 마지막 점검을 해 결재라는 방점을 찍어준다. 너무 미흡하면 결재를 하지 않고 다시 하라고 돌려보낸다. 팀을 이뤄 일을 하든, 혼자 맡든, 회사에서 하는 모든 업무는 상사와 부하의 협업이다.

여러 회사를 다니면서 상사에게 야단맞는 직원들을 많이 봤다. 그 광경을 보면 민망하기도 했지만 한편으로는 '기회를 주는 시스템'이 부럽기도 했다. 중견기자 F는 신입 시절 "넌 기자가 적성에 안 맞아. 일찌감치 다른 일 찾아봐"라는 말을 노골적으로 들었다. 편집장이 기사를 너무 많이 수정하는 바람에 "아예 편집장이 써주는군" 하는 비아냥을 듣기도 했다. 그런 F가 중견기자가 되어 자기 역할을 훌륭히 하고 있는 것은 직장의 너그러운 시스템 덕분이다. 제대로 된 시스템이 작동하는 직장에서 선배들에게 훈련받으면 좀 늦더라도 실력을 발휘해 출중한 인물이 될 수 있다.

하지만 프리랜서는 다르다. 어제까지 일을 잘했더라도 이번에 한 일이 담당자의 마음에 들지 않으면 바로 퇴출된다. 기다려도 연락이 안 오면 '끝났나보다' 하고 체념해야 한다. '한 방을 기대하지 말라'는 이야기는 프리랜서에게 통용되지 않는다. 프리랜서에게 다음 기회란 없다. 그래서 기회가 왔을 때 '한 방'을 터뜨려야 한다.

최근 이러한 프리랜서들의 무한경쟁 룰이 조직에도 하나둘 적용되기 시작했다. 자고 일어나면 환경이 변화하고 생존경쟁이 날로 치열해지는 이때, 더 이상 직장도 훈풍이 부는 안전지대는 아니다.

상사가 일을 시킬 때면 어떤 일이든 해낸다는 각오로 치열하게 달려들어야 한다. 용병이라는 자세로 무슨 일이든 완벽하게 해내야 하는 것이다. 때로 자신의 능력에 부치는 일을 맡았어도 어떻게든 해내겠다는 '각오'를 보여주라.

한 방에 눈길을 끌지 못하면 한 방에 날아갈 수 있다는 각오로 일하라. 한 방에 떠서 늘 그 한 방을 유지하고 발전시켜 나가라. 개그맨 박성광 씨가 '1등만 기억하는 더러운 세상'이라는 말로 많은 호응을 얻었는데, 지금은 '한 방에 일을 끝낸 사람만 기억하는 무서운 세상'이다. 한 방을 노려라. 정확한 의도를 파악해 한 번에 일을 끝내야 한다.

늘 처음 같은 마음가짐으로, 이번 분기에 일을 못하면 계약이 해지될 수 있다는 '프리랜서 마인드'로 일해보자. 어느 순간 대체 불가능한 회사의 비밀병기가 될 것이다. 장기 휴가를 떠나도 사람들이 그 사실조차 모르는 인물이 아닌, 하루 월차를 내도 "○○이 없으니 사무실이 안 돌아가네"라며 안타까워하는 대체 불가능한 주인공이 되어보는 건 어떻겠는가.

내 선에서
완결하라

●   프리랜서는 한 방에 떠야 한다. 그런데 그 전에 해야 할 것이 있다. 바로 '한 번'에 끝내야 한다는 것이다.

실제 프리랜서들의 역량은 어떨까. 프리랜서들을 고용해 함께 일하는 기업의 담당자들은 프리랜서들의 역량을 어떻게 평가할까. 한 일간지 출판국의 P팀장은 "내가 만난 프리랜서 가운데 98%는 함량미달"이라고 했다. 평가가 너무 박한 것 아니냐고 항의하자 "2%는 회사에 '안 들어가고' 프리랜서로 일하지만, 98%는 회사에 '못 들어가서' 프리랜서로 일하는 사람"이라며 양보할 기미를 보이지 않았다. P팀장은 98%의 특징을 "마무리가 채 안 된 일을 던져놓고 간다. 자기 일이면 다른 사람이 손을 안 대도록 완벽하게 해와야 하는데, 남이 고쳐도 자존심이 상하지 않는지 신경도 안 쓴다"고 말했다. 그런데 왜 마음에 안 드는 98%에게 일을 맡기느냐고 묻자 "늘 바쁜 2%는 비는 시간이 없어 맡기기가 쉽지 않아 궁여지책으로 98%를 찾는다"고 한숨을 내쉬었다. P팀장은 2%에 대해 "세심하게 일처리를 한다. 빈틈이 없다. 어디 하나 손댈 데 없이 완벽하게 해온다"고 했다.

예전에 모 신문사에서 내 책을 출간할 때의 일이다. 기획자인 부장이 좀 보자고 해 갔더니 표지 시안을 세 개 보여주었다. 다 마음에 들어 저자인 내 의견을 들어보기 위해 불렀다는 것이다. 정말 어느 것을 골라야 할지 결정내리기 힘들 정도로 다 훌륭했다. 의논을 거듭해 겨우 하나를 골랐다. 부장은 "그동안 내부에서 북디자인을 했는데 매양 비슷한 표지를 만들어내서 프리랜서에게 맡겼다. 내부에서 10번은 더 왔다갔다하던 일을 유능한 프리랜서들이 한 번 만에 딱 마음에 들게 해오니 외부에 안 맡길 수가 없다"고 말했다. "내부에서 일 처리가 안 돼 프리랜서에게 맡길 정도라면 회사를 그만두는 게 도리야. 나 같으면 자존심 상해서라도 안 다닌다"고 혼잣말을 하면서.

자신에게 맡겨진 일을 다른 사람의 손을 빌리지 않고 스스로 마무리하는 것은 상식이다. 상사나 동료와 '협의'는 할 수 있으나, 그것이 은근슬쩍 자기가 결정하고 집행해야 할 것을 떠넘기는 행위로 이용되어서는 안 된다. 보고서 하나를 맡아도 완벽하게 작성해서 수정하는 데 들이는 서로의 시간과 노력을 줄여야 한다. 그러나 이렇게 하는 이들은 별로 많지 않다. 마무리투수를 맡고 있는 상사들은 항상 이런 불만을 털어놓는다.

"누군가가 최종적으로 손볼 거라고 생각해서인지 마무리를 철저하게 하지 않는다. 위에서 보고 수정한 뒤에 최종 OK를 내는데 완벽하게 해봤자 무슨 소용이 있나, 내가 완벽하게 해도 위에서 고칠 건데 뭐하러 고생하나, 이런 생각을 하는 것 같다. 그러나 그건 별개 문제다. 그리고 완벽을 기했는지 아닌지는 딱 보면 안다. 위에서 수정하더라도 완벽하게 만들어 와야 한다."

그런가 하면 부하직원들은 상사에 대해 이런 불만을 제기한다.

"전문가도 아니면서 계속 수정을 하라고 해서 짜증난다. 처음엔 좋다고 했다가 막판에 갑자기 뒤집기도 한다. 기준이 있는 게 아니라 즉흥적이다."

이런 이야기를 들으면 프리랜서 입장에서는 '배부른 소리'라는 생각이 든다. 또다시 기회를 주고, 일의 완성도를 위해 누군가 나 대신 힘써준다니 얼마나 고마운 일인가. 회사원은 10번이나 수정 지시가 떨어졌다가 결국 외부 프리랜서에게 일을 맡겨도 그 달치 월급을 무사히 받는다. 일 못하는 걸로 찍혀 연봉이 삭감되더라도 이듬해 심기일전해서 잘하면 회복할 수 있다. 그러나 프리랜서는 그렇지 않다. 스스로 선발투수, 불펜투수, 마무리투수까지 도맡아야 한다. 모든 일에 혼자서 완벽을 기해야 하는 것이다. 담당자가 손보겠지 하는 생각으로 대충 만들어갖고 가는 순간, 제명이 되고 만다.

따로 비용이 들어서인지, 프리랜서에 대한 평가는 정직원에 대한 평가보다 박하다. 이 사실을 잘 알고, 긴장감을 갖고 있는 프리랜서들은 주어진 일을 군더더기 없이 깔끔하게 끝내려 노력한다.

프리랜서든 직장인이든, 일을 맡았을 때는 완성품을 만들어내야 한다. 내가 할 수 있는 최선의 작품을 만들어 상사가 손댈 필요 없도록 완벽하게 해내야 한다. 내가 해야 할 일을 외부 프리랜서 손에 맡기는 것은 치욕이다. 내 앞으로 배당된 일은 어떤 경우에도 내 선에서 완결하겠다는 각오를 해야 한다.

일이 주어진다는 건 내가 인정받고 있다는 의미다. 기대에 부응할 수 있도록 최선의 노력을 기울여라. 밖에는 호시탐탐 당신의 일을 노리는 유능한 프리랜서들이 얼마든지 대기하고 있다.

당신을 위협하는 프리랜서 중에는 다양한 능력을 갖춘 멀티플레이어도 적지 않다. 글을 만지는 내 주변의 프리랜서들을 보면, 예전에는 글과 사진을 겸업하는 정도였는데 이제는 PPT를 비롯한 다양한 서식을 제작하는 것은 물론, 자신의 글에 직접 삽화를 그리는 친구들도 있다. 번역하는 수준을 넘어 외국어로 기사를 작성하고 해외 업체와 거래하기도 한다.

비슷한 계통의 일을 두루 섭렵하면 시너지효과가 생기면서 부가가치가 높아진다. 예를 들어 글을 쓰면서 편집과 교정을 동시에 하면 할 수 있는 일의 범위가 훨씬 넓어진다. 동화를 쓰는 후배 K는 신문사와 출판사에 근무하면서 신문 편집과 책 편집, 잡지 편집을 익힌 데다 교정교열 실력까지 갖췄다. 각기 다른 분야인 듯하지만 연결되어 있는 일이다. K는 잡지를 통째로 맡아 진행하거나 전집 출판을 맡기도 한다. 편집과 교정교열을 직접 담당할 뿐 아니라 때로는 글 쓰는 일부터 시작하기도 한다. 하나의 일을 수주해 혼자 서너 사람의 몫을 챙길 수 있으니 수입 또한 높은 편이다. 서너 군데에서 각기 일을 수주하는 것보다 훨씬 시간이 덜 걸리기 때문에 그만큼 수입이 높아지는 셈이다. 일 없어서 위기감을 느끼는 사람이 많다는데 K는 일더미에 깔려죽겠다고 엄살이다.

직장에서는 마음만 먹는다면 많은 것을 배울 수 있다. 만약 직장에 들어가서 부족한 점을 깨닫는다면 퇴근 이후라도 비장의 무기를 만들도록 노력해야 한다. 자신의 특기를 살리되, 어느 분야에서든 바로 실행 가능한 '멀티미디어형 인간'으로 변신해보자. 그렇게 한다면 회사에서 환영받는 인물이 될 것이다.

"마지막으로 ○○ 씨한테 한번 보여 봐. 마무리를 깔끔하게 하니 믿고 맡기기 적당해." "두루두루 다 잘하니 ○○ 씨 손을 거쳐야 안심이 된다니까."

여기저기서 이런 말이 튀어나올 수 있도록 자신을 연마하라. 내게 맡겨진 일을 내 선에서 완결하고, 도움을 요청하는 다른 일까지 마무리할 수 있는 인물이 되도록 정진하자. 회사를 안심시키는 인물로 인정받게 될 것이다.

ability

마태효과,
일에도 '부익부 빈익빈'이 있다

●   "가진 사람은 더 받아서 차고 남을 것이며 가지지 못한 사람은 가진 것마저 **빼앗길** 것이다."

성경 마태복음 13장 12절 구절이다. 미국 컬럼비아 대학교 교수이자 사회학자인 로버트 머튼이 '부익부 빈익빈' 현상을 설명하면서 이 구절을 인용해 처음 사용한 용어가 '마태효과'다.

회사에서의 마태효과는 '일복'으로 나타난다. 어느 회사에서든 일복이 터진 사람이 있다. 일 잘하는 사람에게 자꾸 일이 몰리다 보니 이런 현상이 벌어지는 것이다. 남들은 열심히 일하는데 혼자 할 일이 없는 게 결코 좋은 현상이 아니라는 건 당사자가 더 잘 안다. 물론 일의 양만큼 질 또한 따져봐야 한다. 허드렛일로 계속 바쁜 사람이 있고, 그 달의 회사 매출을 좌지우지할 정도로 중대한 일을 진행하느라 개인생활을 접은 사람도 있다. 같이 출발했지만 주인공이 되어 달리는 사람이 있는가 하면 자기도 모르게 서포터로 밀려나는 경우도 있다.

프리랜서 시장에서도 '부익부 빈익빈' 현상은 어김없이 구현된다. 바쁜 사람은 항상 바쁘다고 아우성이다. 프리랜서 초창기라면 모를까 어느 정도 시간이 흐른 다음에는 '어떻게 상대방을 기분 나쁘지 않게 하면서 거절할 것인가'를 고민할 정도가 돼야 진짜 프리랜서라고 할 수 있다.

담당자들은 한결같이 "바쁜 프리랜서한테 일을 맡긴다. 바쁜 프리랜서가 우리 일만 해줬으면 좋겠다"고 말한다. 좀 기다리더라도 확실히 일을 잘하는 사람에게 맡겨야 안심이 된다는 것이다.

방송국 개편 때가 되면 PD들이 유능한 프리랜서와 일하기 위해 바삐 움직인다. 굳이 따지자면 PD가 갑이고 프리랜서가 을인데, 유능한 프리랜서와 일하기 위해 PD들이 물밑작전에 들어가는 것이다. 어떤 프로그램이 없어지고 어떤 프로그램이 생기고, 어떤 PD와 어떤 MC, 어떤 작가가 함께 일하기로 했다는 얘기가 떠돌다가 최종 순간에 전혀 뜻밖의 결과가 나오기도 한다.

이와 관련해 기억에 남는 두 여성이 있다. 한 명은 라디오 작가계의 지존으로 통하는 A작가고, 또 한 명은 섭외의 달인으로 정평이 난 TV 예능프로그램의 B작가다. 언제나 바쁜 두 사람은 개편 두서너 달 전부터 만나자는 PD들의 전화에 시달린다. 그녀들만 잡으면 어떤 까다로운 스타도 섭외가 가능하고, 청취율과 시청률이 고공행진하기 때문이다.

두 작가가 그런 실적을 올리는 건 우연이 아니다. B의 경우 톱스타들과 마음을 주고받는 친구가 되기까지 시간을 들이고 진심을 다했다.

프로그램에 출연한 이후에도 꾸준히 연락하고 경조사에 참석하는 것은 물론 말동무가 되어주었다. 목적을 갖고 접근한 것이 아니라 정말 친구로 다가갔기 때문에 스타들도 마음을 열었고, 나중에는 B가 필요할 때면 그들이 알아서 출연을 해줄 정도가 되었다.

A는 적지 않은 나이에도 톡톡 튀는 원고를 쓰는 것으로 유명하다. 보통 매일 방송하는 프로그램의 경우 두세 명의 작가가 코너를 나누어 집필하는데, A는 두 시간 방송 대본을 모두 자신이 쓴다. 경지에 올라야만 가능하다는 콩트부터 작은 코너까지 일관된 주제를 갖고 쓰니 방송이 물 흐르듯 자연스러울 수밖에 없다. 매일 적지 않은 원고를 쓰기 위해 저녁에 잠시 눈을 붙인 뒤 밤 12시부터 아침까지 원고를 쓰고, 잠시 쪽잠을 잔 뒤 출근한다. 그러면서도 모임에 빠지지 않는다. 바쁜 스케줄 속에서도 철저한 일처리와 인맥관리가 그녀들을 'PD들이 가장 일하고 싶은 작가'로 만들었다.

그러나 실력 있고 바쁜 이들은 아무리 자신 있다 해도 들어오는 일을 모두 맡지 않는다. 노련한 담당자들 또한 할 수 있는 용량만큼 받아서 확실하게 해주는 사람을 가려낸다. "스케줄이 빡빡하지만 다른 데 일하기 전날 시간 내서 해주겠다." "다른 일 끝내고 시간 봐서 그날 오후에 해주겠다"는 프리랜서는 오히려 환영받지 못한다. 그렇게 스케줄이 겹치면 성의를 다하기 힘들고 따라서 완성도가 떨어지기 때문이다. 특히 "다른 프로젝트 맡은 게 있는데 두 개 준비하지 뭐"라고 말하는 건 신뢰를 깎아먹는 일이다. 다른 일을 하면서 이쪽 것도 덤으로 만들겠다고 하면 대충 일하는 사람으로 찍힐 위험이 크다.

"스케줄이 있어서 못 하겠다. 준비하려면 시간이 많이 걸린다. 아쉽지만 이번에는 힘들겠다."

담당자들은 이렇게 말하는 사람을 기억했다가 다음에 일을 맡긴다. 바쁠 땐 못 하겠다고 분명하게 말하고, 다음에 성의를 다하겠다고 하는 것이 자신을 각인시키는 일이다.

요리전문가 N은 여성잡지나 사보편집자들에게 특별히 인기가 높다. '장난'을 치지 않기 때문이다. 장난이란 사진만 예쁘게 나오게 하려는 술수를 뜻한다. N은 의뢰를 받으면 백화점 식품관에 가서 가장 좋은 재료를 구입해 음식을 제대로 만든다. 그렇게 만든 음식을 촬영하고, 그 자리에서 스태프들이 먹을 수 있도록 배려한다. 요리를 세팅할 때도 화려한 꽃이나 풀 같은 건 사용하지 않고 그 음식과 연관성이 있는 것만 사용한다. 그러니 담당자들이 그녀와 일하고 싶어 하는 건 당연한 일이다. 재료를 제대로 익히지도 않고는 기름을 바르고 부수적인 걸 잔뜩 얹어서 멋을 내는 이들과 N은 질적으로 다르다는 것이 담당자들의 평가다. 평가는 입을 통해 빠르게 전파된다. 바쁘되 실력 있고 성의 있는 사람이 환영받는다.

앞서 인용한 성경 구절이 실린 마태복음 13장 전문을 읽어보니 씨 뿌리는 자가 길가, 얇은 돌밭, 가시떨기, 좋은 땅에 씨를 뿌렸을 때 어떤 결과가 나오는가에 대한 내용이었다. '길가에 뿌리면 새가 와서 먹어버리고, 돌밭에 떨어지면 싹이 나와도 해가 솟으면 뿌리가 마르고,

가시떨기 위에 떨어지면 가시가 기운을 막아버린다. 반면 좋은 밭에 떨어지면 어떤 것은 30배, 60배, 100배의 결실을 맺는다'고 했다.

결국 제대로 심으면 좋은 결실을 맺는다는 뜻이다. 긍정적인 생각에서 성공이 꽃피고, 훌륭한 상사를 만나면 부하가 날개를 달며, 좋은 부하가 들어오면 상사는 천군만마를 얻는 것이고, 확실한 실력을 쌓아서 일을 잘하면 더 좋은 기회가 온다는 게 조직에서의 진정한 마태효과다. '바쁨'을 즐겨라. 이는 당신이 조직에서 인정받고 있다는 증거이자, 한 단계 더 도약할 기회가 왔다는 신호다.

뜻을 품었으면
길을 만들 각오도 하라

● '뜻이 있는 곳에 길이 있다'는 격언이 있다. 뜻이 있는 곳에 과연 길이 있을까? 뜻은 있는데, 그 길로 진입하기 힘든 경우는 어떻게 해야 할까? 뜻이 있다면 자기가 길을 만들어서라도 가야 한다.

프리랜서들은 대개 직장에서 닦은 전문성을 살려 필드에 나선 사람들이다. 간혹 프리랜서를 대충 끼어들어 일하는 부류쯤으로 생각하는 사람들이 있는데, 전혀 그렇지 않다. 특히 방송 쪽은 도제식으로 선임자로부터 일을 하나하나 전수받아야만 작업이 가능하다.

방송국에서 일을 하게 되면서, PD들이 경험 없는 외부인사에게는 일을 맡기지 않는다는 걸 알게 되었다. 특히 라디오 쪽은 한번 입문하면 잘 움직이지 않는 데다 일단 자리 자체가 적다. 그러나 제아무리 진입이 어려운 분야라 할지라도, 그야말로 '맨땅에 헤딩'을 해 자기 자리를 만드는 사람들도 많다.

한 친구는 20대 후반의 나이에 시사프로그램 작가로 일하고 있는데,

PD에게 절절한 편지를 보내 입성하게 되었다. "나는 이러이러한 사람이고, 당신 프로그램을 자주 듣는다. 정말 작가로 일해보고 싶다. 나는 이러이러한 일에 강하다. 시켜만 주면 진짜 열심히 하겠다." 그리고 자신이 쓴 대본을 동봉했다. 그랬더니 어느 날 PD가 만나자는 연락을 해왔고, 그게 인연이 되어 작가로 일하게 되었다.

방송작가나 잡지 분야는 남자 프리랜서의 숫자가 적다. 내가 그간 만난 작가나 프리랜서 기자의 90%는 여자다. 이 사실을 익히 알고 있었던 남자 P는 짧은 직장생활을 접고 사업을 시작했다가 실패한 후, 무슨 일을 할까 궁리하던 중 유명 퀴즈 프로그램의 PD에게 편지를 썼다. 그리고 '내가 PD라면 퀴즈 프로그램을 이렇게 만들겠다'며 기획안을 완벽하게 작성해 동봉했다. 그 기획안을 본 PD로부터 연락이 와서 함께 일했고, 그 후 남자 작가에게 적합한 여러 프로그램에 기용되었다.

음악 프로그램에 계속 청취자 사연을 보냈던 한 여성은 PD가 자기 이름을 기억할 때쯤 아르바이트 자리라도 좋으니 방송사에서 일할 수 있게 해달라는 편지를 보냈다. 어느 날 PD가 한번 보자고 했고, 그 길로 아르바이트를 하게 되었다. 처음에는 청취자 사연을 정리하고 선물 챙겨주는 일, 메인작가의 원고 출력과 복사 등의 일을 하다가 메인작가가 되었다.

그런가 하면 요즘은 방송연수과정이 많이 생겨 아예 대학 때부터 각종 연수원에 다니는 친구들이 많다. 방학 때면 무슨 일이든 하겠다며 방송가로 오는 대학생들도 있다. 사돈의 팔촌까지 온갖 인맥을 동원해 어떻게든 방송국에 진입하여 눈도장을 찍는 것이다. 그렇게 일을 시작해서 막내작가로 입문하기도 한다. 자신의 꿈이 있고, 그 꿈을 이루고자 뜻을 품었다면 길은 생긴다. 얼마나 간절하게 꿈을 이루려 하는가가 변수다.

그러나 요즘에는 뜻을 품고 길을 닦으려 해도 사정이 여의치 않은 게 사실이다. 회사에 들어간 것만으로도 이미 '성공'했다는 말을 들을 정도다. 프리랜서로 일하면서 여러 회사를 드나들다 보면, 안정된 환경에서 일하는 그들이 부러울 때도 있다. 적당한 온도, 알맞은 수분, 따뜻한 햇볕이 공급되는 온실이나 다름없는 평온한 곳에서 자신의 뜻을 펼칠 기회까지 얻었으니 말이다. 뜻을 품고 길을 만들었더라도 프리랜서들은 하루아침에 그 길이 사라질 수도 있다는 불안감을 늘 느낀다.

그런데 그런 직장인들이 스스로 사표를 내는 경우도 많다. 전문가들의 분석에 의하면 '존중받지 못하는 것'이 결정적 이유라고 한다. 연봉이 높고, 다양한 복지 혜택을 누릴 수 있다 하더라도 자존감을 침범받으면 '내가 여기를 계속 다녀야 하나, 말아야 하나' 기로에 서게 된다는 것이다.

그러나 그 '존중받지 못한다'는 감정에 대해 다시금 생각해볼 필요가 있다. 자신에게는 상처가 된 이야기가, 웬만큼 회사생활에 익숙한 상사나 선배가 대수롭지 않게 한 발언일 수도 있기 때문이다. 직급에 따라, 입장에 따라 느끼는 감정은 다르기 마련이다. 처음에는 받아들이기 힘든 이야기가 긍정적으로 생각하면 오히려 내게 뼈가 되고 살이 되는 것일 수 있다. 뜻을 품고 길을 찾았다면 묵묵히 발걸음을 옮길 줄도 알아야 한다. 그리고 한두 번 힘든 순간을 넘기다 보면 그다음부터는 좀 쉬워진다.

사실 '생존'의 문제에 늘 직면해 있는 프리랜서 입장에서 본다면 '존중' 운운하는 것은 사치스런 이야기다. 삭풍이 부는 비포장 언덕길도 아니고 아스팔트가 깔린 고속도로 위에서 그 정도도 못 견디나 하는 생각이 드는 게 솔직한 심정이다. 특히 사회 초년병이 회사에 불만을 품고 얘기하는 걸 들으면, 자신이 품은 뜻을 펼칠 충분한 경력을 쌓기도 전에 회사를 그만두고 그보다 못한 곳에도 못 가는 게 아닐까 걱정된다.

프리랜서도 초창기에는 자신감이 없기 때문에 존중받지 못한다는 생각이 들 때가 많다. 프리랜서야말로 '여기 아니면 일할 데가 없나'라는 생각을 하기 쉽다. 그래서 경솔하게 행동하기도 하지만, 일 잘하는 사람들은 경력이 쌓일수록 사방을 살핀다. 자리를 찾고 발 뻗을 생각을 하는 것이다. 자존감을 건드리거나, 얼토당토않은 요구를 하는 담당자를 만나더라도 한두 번은 참고 일한다. 그러다 보면 담당자와도 조율이 되어 편하게 일하게 된다.

뜻을 품어 닦은 길을 쉽게 벗어나면 안 된다. 초기에 적응을 잘하는 것이 중요하다. 새 구두를 사면 발뒤꿈치가 까지고, 새 옷을 입으면 서걱거린다. 몸에 익기까지 시간이 걸리는 것이다. 하물며 새로운 직장과 새로운 클라이언트를 만났는데, 어떻게 처음부터 바로 익숙해질 수 있겠는가.

지금 내가 회사에 다니는 목적이 무엇인지 냉정하게 따져보자. 물론 충분한 지원 하에 존중받으며 일한다면 더할 나위 없이 좋겠지만, 그렇지 않다 해도 그곳에서 내가 배울 것이 있고 실력을 쌓을 수 있다면 경솔하게 사표를 쓰는 일은 없어야 한다. 회사에서 내가 얻는 것은 무엇이고 잃는 것은 무엇인지 영리하게 계산해 실리를 챙겨라. 회사는 프리랜서라면 절대 얻을 수 없는 기회를 제공한다.

뜻이 있는 곳에 길을 만들었으면 피나는 노력으로 길을 평평하고 넓게 다져나가야 한다. 견디지 못하고 손을 들고 싶다면, 어디선가 길을 찾아 고군분투하는 이들이 소리 없이 실력을 키우고 있다는 사실을 떠올려보는 건 어떨까.

"역시, 그 사람 밑에서
배운 사람들은 제 몫을 한다니까."

● 　똑똑하면서 부지런한 상사, 똑똑하지만 게으른 상사, 머리 나쁘면서 부지런한 상사, 머리도 나쁜데 게으른 상사… 이들 중 한 명을 골라야 한다면 누가 나을까. 여러 회사를 돌아다녀보면 역시 똑똑한 데다 부지런한 상사가 이끄는 곳이 잘된다. 그런데 문제는 함께 일하는 부하직원이 행복하지 않다는 데 있다. 머리가 좋은 데다 일이 너무 즐거운 '워커홀릭' 리더를 만나면 아래 직원들은 그야말로 고생을 바가지로 하기 때문이다. 그런 상사 밑에서 일해본 사람은 고개를 절레절레 흔든다. 똑똑해서 무슨 일이든 어렵지 않은 상사는 부하들도 다 자기 같은 줄 안다. 그래서 일을 마구 투하하고도 그게 얼마나 부담스러운지 모른다.

기억에 남는 두 명의 편집장은 그야말로 능력 있으면서 부지런하기 이를 데 없는 사람들이었다. 게다가 도무지 지칠 줄 몰랐다. 밤 12시가 되어도 집에 갈 생각을 안 하고 외출했다가도 회사로 돌아와 다시 일할 정도였다. 아무리 늦게 집에 가도 출근은 칼같이 하고 때로는 꼭두새벽에 나오니, 다들 "귀신 아냐?"라고 할 정도였다.

두 편집장의 공통점은 그 달에 들어갈 기사보다 훨씬 많은 양의 기사를 생산하도록 쥐어짠다는 것이었다. 당연히 넘치는 기사는 사장되거나 다음 달로 넘어가게 되는데, 다음 달이라고 사정이 별반 다르지는 않으니 지면에 실리기 위해서는 그야말로 피 튀기는 경쟁을 거쳐야 했다. 편집장이 절대 뺄 수 없는 '유혹적인 기사'로 승부를 거는 수밖에. 이래도 안 실을 테냐, 하고 열심히 일하는 것이 최상의 방법이었다. 그러니 기자들은 늘 초주검이었다. 일을 많이 해서 힘든 것보다 자신이 쓴 기사가 안 실리는 건 아닐까 노심초사하느라 더 죽을 맛이었다.

두 편집장은 조금이라도 사족이라고 생각되는 내용은 가차 없이 날려버려 기사가 3분의 1로 쪼그라들기 일쑤였다. 특종기자가 장관을 인터뷰한 내용이 뭉텅 날아가버린 교정지를 들고 고개를 절레절레 흔들던 기억이 난다. 그렇기 때문에 기자들은 성의를 다해 취재에 응해준 취재원을 생각하면 자다가도 벌떡 일어나게 된다며, '피 같은' 기사가 절대 잘려나가지 않도록 한 줄 한 줄 버릴 수 없는 정보를 넣느라 애썼다. 나 역시 두 군데 매체에 기고할 때 내 기사가 실리게 하기 위해 철저히 노력했다. 두 매체와 일하면서 '대충대충', '설렁설렁'이란 있을 수 없다는 걸 온몸으로 체득했다.

악랄한(?) 두 편집장은 마지막까지 기사의 경중을 따져 페이지 배치를 다시 했기 때문에, 인쇄 들어가기 전까지 기사가 실릴지 안 실릴지 모르는 경우가 많았다. 진행자로부터 최종 OK 사인이 났다는 이야기를 듣고 안심하고 있을 때, 국가적인 대형사고가 터져 결국 내 기사 자리에 급조한 기사가 들어갔다는 소식에 망연자실한 일도 있다.

최종적으로 기사가 실리지 않을 때는 취재원에게 미리 전화해 자백하고 선처를 구하는 수밖에 없다. 아예 취재하러 갈 때 "한 달 뒤로 미뤄질 수 있다"는 얘기를 하지만 그래도 기사가 밀리면 잡지가 나오기 전에 미리 알려야 한다. 그런 전화를 할 때면 미안한 마음에 오금이 저린다.

특집 진행을 자주 했던 L은 기획기사 전체가 날아가버리면 그날부터 외부필자들이나 취재원들에게 온종일 비굴한 목소리로 사죄전화를 했다. 한 번은 어르신들의 건강관리에 관한 특집을 구성했는데 편집장이 "한 달에 하나씩 싣겠다"고 결정했고, 결국 L은 10여 명이나 되는 필자에게 전화해 또 비굴한 목소리로 사과해야 했다. 그런데 계속 순서가 뒤로 밀린 어르신 한 분이 매달 전화를 걸어와 "내 원고 언제 실리냐. 건강기사 썼는데 내 기사 기다리다가 건강 상하겠다"며 야단치는 바람에 L도 건강이 나빠질 정도였다.

이렇듯 아슬아슬한 적이 부지기수였지만 희열도 많이 느꼈다. 완벽을 기하는 편집장이 내 기사를 좋은 면에 배치해주는 순간, 그렇게 짜릿할 수가 없었다. '내 실력이 녹슬지 않았구나!' 하는 생각에. 두 편집장이 만들었던 두 잡지는 당시 최고의 부수를 기록했다. 기자들도 힘은 들었지만 결과적으로 최고의 잡지가 되었으니, 똑똑하고 부지런한 편집장을 존경할 수밖에 없었다.

같이 있을 때는 독한 상사가 원수 같지만, 나중에 그 덕에 자기 몫을 하게 되었을 때는 마음이 달라진다. 독한 상사가 자신을 트레이닝시켜 준 고마운 조련사라는 걸 깨닫게 된다. 그 밑에 있을 때는 잘 모르지만 다른 곳으로 옮겼을 때 조련의 힘이 슬슬 나타나기 시작한다. "일 잘한다. 누구 밑에 있었냐"는 질문에 독종 상사 이름을 댔을 때 "역시, 그 사람 밑에서 배운 사람들은 제 몫을 한다니까"라는 얘기를 듣는다면 누이 좋고 매부 좋은 일 아닐까.

실력 있는 상사라면 그 밑에서 오래 견디는 게 수지맞는 일이다. 사회생활 초반에 혹독한 트레이닝을 받으면 평생을 살아갈 재산이 생기는 셈이니 말이다. 김주하 앵커는 자신의 에세이 《안녕하세요 김주하입니다》에서 "나를 키운 건 8할이 손석희라는 악몽이었다"라고 공개적으로 밝혔다. 가혹할 정도로 조련하는 손석희 선배를 죽어라 따라갔기에 김주하라는 앵커가 탄생했다는 것이다. 지금은 상사가 나를 괴롭히기 위해 태어난(?) 독사처럼 보일지 모르지만, 나중에는 너무 고마워 명절 때마다 찾아뵙는 은인이 될지도 모른다.

PART 2

성실이
최상의 무기다

재능보다 앞서는 것이 성실이다

SINCERITY

성실이
나를 보증한다

● 　　　프리랜서 기자로 일하며 여러 분야의 CEO들을 만났다. 그들을 만나 자주 던졌던 질문 중 하나가 "어떤 직원을 원하느냐"는 것이었다. 10명 중 8~9명은 "성실하고 화합하는 사람을 원한다"고 답했다. 의외로 '능력'을 먼저 거론하는 이들은 많지 않았다. 특히 작은 회사의 CEO들은 '신의 있는 사람'을 원했다. 열심히 서포트해 키워놓으면 어느 날 갑자기 다른 회사로 가버리는 이들이 많기 때문이다. 모 결혼정보업체 CEO는 "소위 일류대 출신은 뽑지 않는다"고 했다. 처음에는 일류대 출신들을 많이 뽑았는데, 얼마 지나지 않아 다 옮겨가기 때문에 간판보다는 사람을 면밀히 검토해 채용한다고 일러주었다.

　큰 회사든 작은 회사든 CEO들이 업무능력보다 성실을 먼저 거론하는 것은 주목할 만하다. 업무능력은 다양한 훈련과 교육으로 향상시킬 수 있지만, 성실은 하루아침에 기르기 힘든 소양이기 때문이다.

최근에 페이스북 친구가 '사람을 바꾸는 세 가지 기준'이라며 '3A'를 담벼락에 올렸다. appearance(외모), ability(능력), attitude(태도)가 그것이다. 그 친구는 외모를 '꼬라지', 능력을 '싹수', 태도를 '싸가지'라고 명명한 뒤 '꼬라지나 싹수는 바꾸기 쉽지만, 싸가지는 어렵다'고 결론 내렸다. 댓글이 꽤나 달렸는데, 대부분 공감한다는 내용이었다. 싸가지는 밥상머리에서부터 시작해 오랜 기간 교육해야 길러지는 것이라는 의견이었다. 그중 '꼬라지는 돈의 함수, 싹수는 시간의 함수, 싸가지는 마음의 함수 같은데요'라는 댓글이 인상적이었다. 성실은 아마도 '싸가지'와 관련이 있을 것이다.

성실을 높이 평가하는 이유에 대해 모 기업 상무는 이렇게 말했다. "대기업에 지원하는 사람들은 비슷한 학벌에 비슷한 스펙을 가졌다. 일단 객관적으로 평가할 수 있는 능력은 비등비등하다. 솔직히 누구를 뽑든 큰 차이가 나지 않는다. 하지만 성실은 다르다. 오랜 기간에 걸쳐 훈련되어야만 발휘될 수 있는 것이다. 그렇기 때문에 선택의 관건이 된다."

프리랜서는 입장이 약간 다르다고 생각할지도 모르겠다. 그런 면도 있긴 하다. 담당자들이 프리랜서를 기용할 때는 성실보다 능력을 먼저 본다. 이 일을 잘할 수 있는 사람인지 아닌지가 판단 기준이 되는 것이다. 어디서 어떤 일을 했는지 살펴보고, 그간 일한 결과물을 점검한다. 그러나 이것도 일회성일 때 이야기다. 한 번 손을 맞추고 말 때는 능력이 우선되지만, 오랜 기간 함께 일해야 할 때는 다르다. 아무리 일을 잘해도 납기를 못 맞춘다거나, 며칠 잠적해서 연락이 되지 않거나 하면 바로 아웃된다. 일을 잘하고 성실하면 한 업체와 오래 일할 수 있지만, 불성실해 평판이 나빠지면 돌이킬 수 없다. 즉 오랜 기간 함께 일해야 하는 입장이라면, '성실'이 제1의 판단기준이 된다. 매일 얼굴을 맞대는 직장에서라면 더욱 그럴 것이다.

성실성은 대개 태도에서 엿볼 수 있다. '성질 더럽다'고 찍히면 성실성에 바로 금이 간다. 그렇기 때문에 늘 정중한 태도, 한결같은 태도를 유지하는 게 중요하다. 상사가 있건 없건, 누가 지켜보든 안 보든, 어떤 상황이든 맡은 일에 충실해야 한다. 특히 외부에서 회사 일을 책임지고 진행할 때는 더욱 주의해야 한다. 위압적인 자세로 군림하면 그 순간은 일이 잘 진행될지 모르지만, 그러한 태도에 대한 좋지 않은 평가가 돌고 돌아 상사의 귀에 다 들어가게 된다.

일 잘한다고 소문난 인테리어 전문 프리랜서가 있었다. 까다롭게 일을 진행하다 보니 늘 현장에서 부딪치면서 신경전을 벌였다. 그런 만큼 결과는 좋았지만 일할 때 자꾸 대립을 하니 함께 하는 사람들이 피곤해했다. 결국 사진작가가 담당자에게 "도저히 '싸가지'가 없어서 같이 일 못 하겠다"고 말했고, 그런 얘기가 몇 번 들리자 그녀는 다시 기용되지 못했다.

혹시 '이쪽에서 잘리면 저쪽 가서 하면 되지'라고 생각한다면 큰 오산이다. 스카우트하지 않았는데 일 잘하는 사람이 스스로 찾아오면 "무슨 문제 있는 거 아냐?" 하고 의심하게 되고, '무슨 문제'는 전화 한 통으로 금방 밝혀지기 때문이다.

순간적으로 위기를 모면하기 위해 거짓말을 하면 곧바로 성실성을 의심받는다. 기자 M이 갑자기 화보촬영을 할 일이 있어 자주 연락하는 모델에게 전화를 했더니, "몸이 아파서 못 나가겠다"는 답변이 돌아왔다. 어렵게 다른 모델을 구해서 일을 마쳤는데 다른 사람으로부터 아프다던 모델이 그 시각에 공항에서 비행기를 탔다는 얘기를 듣게 되었다. 어디 가는 길이라고 솔직히 얘기하는 게 나았을 텐데 거절하기 미안해 거짓말을 했고, 그 일로 그 모델은 요주의 인물이 되었다. 거짓말을 하는 것은 한마디로 자신에 대한 나쁜 소문을 스스로 퍼트리는 어리석은 짓이면서, 성실하지 않다는 걸 증명하는 일이다.

다른 사람과의 약속을 대수롭지 않게 생각하는 것도 성실하지 않음을 입증하는 일이다. G는 여성잡지 수석기자 시절 유명한 사람에게 작업을 의뢰했을 때 "막내기자가 먼저 부탁했지만 G기자 일을 해주겠다"고 말하는 사람과는 다시 일하지 않았다고 했다. 반대로 "막내기자와 이미 약속해서 안 되겠다. 다음에 같이 일하자"고 말하는 사람과 기회가 오면 다시 일했다고 한다. G는 그런 사람은 더 힘 있는 매체에서 연락이 오면 자신과의 약속도 깨고 그쪽으로 갈 게 분명하다는 생각이 들었다고 털어놓았다. 그리고 사담이지만, 똑똑한 막내기자와 친한 게 훨씬 수지맞는 일이다. 왜냐하면 막내기자가 수석기자 되고 나중에 편집장이 되니까. 지금 잘나가는 기자보다 막내기자가 현역에서 뛸 기간이 훨씬 많이 남았다.

업무 중 '딴짓'은 상사가 가장 손쉽게 판단할 수 있는 성실성의 척도다. '직장인 딴짓'에 대한 2012년 2월의 설문조사 결과에 따르면 딴짓을 주로 하는 시간은 점심시간 직후였고, 딴짓의 1위는 인터넷 뉴스 검색이었다. 컴퓨터와 스마트폰으로 할 수 있는 딴짓은 어마어마하게 많다. 눈만 잘 피하면 점심시간 직후뿐 아니라 틈틈이 딴짓을 할 수도 있다. 하지만 그 '딴짓'이야말로 성실도를 갉아먹는 일이라는 것을 명심해야 한다.

업무상 미팅이 있을 때를 제외하고 혼자 일하는 스타일인 나는 딴짓이 얼마나 비효율적인지 통감할 때가 많다. 관련 자료를 검색하기 위해 포털사이트에 접속했다가 잠시 넋을 놓고 이 기사 저 기사 검색하다 보면 금세 한 시간이 지나간다. 페이스북에 글 하나 올리고 답글 체크하고, 내 글에 답글을 단 사람들에게 답글 달다 보면 또 한 시간이 후딱 지나간다. 이렇게 딴짓에 팔려 있다보면 그날 해야 할 일을 못해 후회할 때가 많다. 메신저도 경계 대상이다. 업무 관련 대화가 아니라 친구들과 잡담을 하니 문제다. 요즘은 업무 중 카카오톡을 하는 사람들도 있는데, 굳이 말하지 않아도 어떤 폐해가 있는지는 본인이 더 잘 알 것이다.

일단 직장인이라면 근무시간은 회사를 위해 일한다는 각오를 해야 한다. 직장에서 업무와 관련 없는 딴짓을 하는 것은 그만큼의 시간을 훔치는 것이다. 그리고 그 딴짓을 상사들이 정확히 눈치 채고 있다는 걸 명심해야 한다. 기획사를 운영하는 S대표는 마음이 떠난 직원은 금방 알 수 있다고 했다.

"근무시간에 딴짓을 하고 있다. 본인은 내가 눈치 못 챌 거라고 생각하지만 딱 보면 안다. 일을 설렁설렁 하고 매사에 의욕이 없다. 밖에서 사람들 만나 다른 회사 알아보는 것도 귀에 다 들어온다. 여기서 잘하면 알아서 스카우트 제의가 올 텐데 저렇게 불성실하니 누가 부르겠나. 근무태도가 어떠냐고 나한테 물으면 거짓말을 할 수는 없는 일이다. 업계가 빤한데 불성실하면 자기만 손해다. 다른 데 가기가 쉽지 않을 거다. 저러다 지치면 그만둔다."

S대표는 그간 훈련시킨 게 아까워 마음을 잡는다면 주저앉히겠지만, 본인이 나간다면 말리지 않겠다고 했다. 몇 달 후 과연 S가 말한 대로 됐다. 그 직원이 다른 회사를 알아봤는지는 모르겠으나 결국 갈 곳을 정하지 않은 채 집에서 쉬겠다며 회사를 그만두었다.

성실도를 가늠하는 기준은 사람마다 다 다르다. 기본적으로 겸손한 태도로 일에 임하되 거짓말을 하지 말고, 약속을 중요하게 생각하며, 업무 시간에 딴짓하지 말고 충실하게 일하라. 어떤 상황에서든 진심을 다한다면 두루 좋은 평가를 받을 수 있을 것이다.

sincerity

성실한 그의 비결은
'집중'과 '전환'

●   인터뷰어로 오랫동안 일하다 보면 같은 사람을 여러 차례 만나는 경우가 생긴다. 지속적으로 언론이 추적하는 사람은 그만큼 능력이 있다는 이야기다. 그런데 뛰어난 능력을 발휘하던 사람이 어느 순간 뒷전으로 밀려나는 경우가 생긴다. 그 이유는 무엇일까? 성실하지 않아서다. 탁월하기만 해서는 지속적으로 인정받을 수 없다. 탁월하고 성실한 사람이 오래간다.

내가 두 번 이상 인터뷰한 사람 중 '1인 기업가'라 불리는 공병호 박사가 있다. 공 박사의 '성실성'은 자타가 공인하는 사항이다. 그를 아는 사람들은 한결같이 그 성실성에 존경을 표한다. 도대체 얼마나 성실하기에? 성실성을 가늠할 수 있는 바로미터를 들라면 단연 부지런함을 꼽을 수 있을 것이다. 얼마나 부지런하게 열심히 일하는가를 통해 성실도를 체크하는 것이 보편적인데, 공 박사는 그런 의미에서 '성실함'의 표본이라 할 수 있는 인물이다.

2001년 10월, 41세의 나이에 좋은 직장을 그만두고 '1인 기업가가 되겠다'고 선언한 공 박사는 성공한 대표적인 프리랜서이기도 하다. 저술과 강연을 하면서 자기경영 아카데미 '공병호 경영연구소'를 운영하는데, 연 소득이 10억 원을 넘는다. 《누구나 연봉 7천만원 프리랜서가 될 수 있다》는 책이 있는데, 공 박사는 매월 7,000만 원 이상 벌고 있으니 초특급 프리랜서라 하지 않을 수 없다.

국토개발연구원과 한국경제연구원을 거쳐 자유기업센터 초대 소장을 지냈고 인티즌과 코아정보시스템 대표를 역임한 그는 '부자가 되어야겠다'는 결심으로 1인 기업가로 나섰다. 남이 만든 자리는 한계가 있고 직장은 언젠가 그만두어야 하니 열심히 일해 부자가 되기로 작정하고 회사를 그만둔 것이다. 공 박사는 스스로가 생각하는 성공비결을 '자신만의 확고한 생각과 콘텐츠를 만드는 능력'이라고 분석했다. 내가 생각하기엔 거기에 '성실'이라는 키워드를 덧붙여야 할 것 같다. 그는 하루 5시간만 자면서 금주와 금연을 철저히 실천하고, 저녁에는 가급적 사람을 만나지 않는다. 시간을 허비하지 않고 건강을 유지하기 위해서다.

공 박사와 인터뷰 약속을 잡기 위해 전화를 걸었는데, 그 달에는 통시간이 나지 않는다고 했다. 그래도 예전에 인터뷰했던 인연 덕분에 어렵사리 만날 수 있었는데, 인터뷰 장소가 김포공항 로비였다. 지방으로 강연하러 가는 길에 잠깐 시간을 내준 것이다. 공 박사는 어디를 가건 캐리어를 끌고 다니는데, 그 안에는 노트북, 상비약, 면도기, 스톱워치 등 다양한 물건이 들어 있다. 이동하면서 생기는 자투리 시간을 낭비하지 않기 위해 완벽한 준비를 갖춘다고 일러주었다.

일주일 단위로 삶을 컨트롤하는 그는 다음 일주일 강연 준비를 수요일까지 끝낸다고 했다. 늘 가지고 다니는 스톱워치로 공부는 얼마나 하고 일은 얼마나 하는지 재면서 10분도 허비하지 않는 것이 살인적인 스케줄을 지탱하게 하는 원동력이었다. 그렇게 부지런하게 달리려면 재충전을 해야 하지 않느냐고 묻자 이렇게 답했다.

"나를 훈련시키면 바로 가속도가 붙고 어디서든 '집중'과 '전환'이 잘된다. 일을 하려면 워밍업을 해야 된다, 주변이 산만하면 일이 안 된다, 이런 건 그야말로 핑계에 불과하다. 국가경영이나 회사경영, 자기경영은 다 똑같은 원리다. 관리를 잘하면 성공하게 되어 있다. 환경과 조건을 따질 이유도, 집안 탓할 것도 없다. 가난하면 부자들이 가질 수 없는 인생의 포부가 생긴다."

공 박사는 성실한 삶을 추구하기 위해 '집중'과 '전환'이라는 열쇠를 선택했다. 일할 때는 집중하고 일이 끝나면 다음 일로 속히 전환하는 힘이 성실함을 유지하는 비결이다. 어떤 무기로 성실함을 지킬 것인지는 각자 점검해봐야 한다.

이 결과물로, 공 박사는 지금까지 100여 권의 책을 냈다. 시간 날 때마다 틈틈이 전쟁하듯 글을 쓴 덕분으로, 공저와 역서를 합치면 200권이 넘는다. 그는 직장에서의 미래가 불안하다, 앞날이 걱정된다는 이들에게 '진짜 성실하게 노력하는가' 묻고 싶다고 했다.

"지금 하는 일을 잘해서 어떻게 입신할 것인지 생각해보라. 옛날처럼 마케팅비가 많이 드는 것도 아니고, 블로그만 잘 만들어도 길이 열린다. 일단 본인이 할 수 있는 게 무엇인지 생각하고 그 일에 집중하라. 부지런하게 움직여야 한다. 거창한 계획을 세우는 것은 금물이다. 하다 보면 기회가 생긴다. 단, 준비가 안 된 상태에서는 직장을 떠나면 안 된다."

공 박사는 자신의 경쟁력을 '실용주의'로 봤다. 우리나라 학자들은 이상적인 이론을 펼치는 로맨티스트인 데 반해 자신은 실용적인 해결책을 제시하는 실용주의자라는 것이다. 경제학을 전공했지만 인생살이, 자녀교육, 성공학 등으로 부지런히 스펙트럼을 넓혀두었더니 그 덕에 여기저기서 자신을 부르는 것 같다고 자평했다. 그는 나이 들어도 늘 젊은 정신으로 사는 것이 또 다른 경쟁력이라고 했다. 세상에 대한 호기심이 많고 어떻게 하면 더 잘할 수 있을까 부지런하게 궁리하다 보면 모든 게 재미있다는 것이다.

"남 눈치 볼 거 없다. 남이 내 인생 대신 살아주는 것도 아닌데. 남이 무얼 하고 사는지 참견할 필요도 없다. 세상은 그렇게 한가하지 않다. 내 신념대로 내 방식대로 열심히 살면 된다. 참을성 있게 부드럽게 살자는 게 내 생각이다."

열심히 일해 부자가 되어, 그 부를 잘 사용하면 성공한 인생이라고 말해도 되지 않겠는가. 그런 의미에서 공 박사는 성공한 인생을 살고 있는 셈이다. 공 박사의 삶은 '성실'이라는 두 글자로 모아진다. 1인 기업가로 성공한 많은 이유가 있겠지만, 그 바탕에는 부지런하고 성실하게 노력해온 그의 땀방울이 있었다. 프리랜서로 나서기 전, 직장을 다닐 때부터 남들보다 두세 배 열심히 기고하고, 책을 출간해 자기 자신을 적극적으로 PR한 게 큰 자산이 되었다. 직장생활을 할 때 이미 확고한 자기 브랜드를 확보한 것이다. 1인 기업가로 나선 이후에는 직장에 다닐 때보다 더 열심히 뛰었기 때문에 최고의 프리랜서가 되었다.

공 박사의 일상을 죽 따라가다 보면 숨 가쁘고 버겁기도 한 게 사실이다. 하지만 누가 시켜서가 아니라, 스스로 뚜렷한 목표의식을 가지고 부지런히 뛰는 것이라면 즐겁게 해낼 수 있지 않겠는가. 그런 의미에서 대한민국 1% 프리랜서인 공 박사의 노하우는 직장인들에게도 시사하는 바가 많다. '집중'과 '전환'의 키워드로 부지런하게, 성실하게 하루하루 보내다 보면 어느덧 한층 업그레이드된 자신의 모습을 발견할 수 있을 것이다.

겸손함으로
2년차 고개를 넘어가라

● 　　프로야구 신인왕 수상자들은 대개 이듬해 좋은 성적을 올리지 못한다. 스스로 긴장이 풀어졌을 수도 있지만, 환경이 판이하게 달라졌기 때문이다. 일단 투수들이 견제를 한다. 2년차한테 질 수는 없으니 베테랑 투수들이 온힘을 다해 던지는 것이다. 정작 2년차는 긴장도 하고 또 자만도 하다가 제 실력을 발휘하지 못할 위험에 처한다. 이렇듯 첫 해에 좋은 성적을 거둔 사람이 2년차 때 슬럼프에 빠지는 현상을 '2년차 신드롬sophomore syndrome'이라고 한다.

　회사에서도 2년차 신드롬 때문에 골머리를 앓고 있다. 2년차들이 속을 썩여서가 아니라 아예 회사를 그만두는 일이 많기 때문이다. 첫 직장 평균 근속기간이 1년 9개월이라는 통계가 나왔다. 넷 중 한 명이 어렵게 들어간 회사를 2년도 못 다니고 나온다는 이야기다.

　그런가 하면 아직 겁나는 게 없어서 마구 달리는 2년차 신드롬도 있다. 운전도 2년차 때가 가장 위험하다. 첫 해는 조심해서 운전하지만, 2년차가 되면 '별 거 아니네' 하는 생각에 마구 속력을 내다가 사고가 나는 경우가 많다는 것이다. 제일 무서운 나이도 중학교 2학년이라고 하지 않던가. 사춘기에다 반항기가 불붙어서 거칠 것 없이 달려 나가는 아이들을 지칭해 '중2병'이라는 신조어까지 나왔다.

기자들도 2년차가 가장 무섭다. "2년차 기자는 눈에 뵈는 게 없어서 매우 용감하기 때문에 단속을 잘해야 한다. 안 그랬다가는 대형사고가 난다"고 말하는 편집장도 있었다. 어느 날 업계 최고가 된 분이 옛정을 잊지 못하고 협찬을 해주었는데 2년차 기자가 촬영을 하다가 그분께 딱딱거리며 마구 명령하는 일이 발생했다. K편집장은 "잠시 바빠서 주의를 못 주었더니 2년차께서 그런 용감한 행동을 하시더라고"라며 고개를 절레절레 흔들었다.

돌이켜보면 나도 기자 초년병 시절에 꽤나 용감무쌍했던 것 같다. 초년병 때는 '내가 인터뷰하러 온 것을 고맙게 생각하라, 내가 잘 써서 좋은 기사가 나왔다'고 생각하기 쉽다. 하지만 세월이 갈수록 '내 인터뷰 요청에 응해준 게 고맙고, 취재원이 협조를 잘해줘서 좋은 기사가 나왔다'는 겸손한 마음가짐으로 바뀌게 된다.

겸손함은 성실함의 또 다른 이름이다. 겸손하지 않으면서 성실하기 어렵고, 성실한 이들은 대부분 겸손하다. '부족한 실력의 나를 인정해 주어 고맙고, 그런 만큼 그 기대에 부응하기 위해 더 열심히 해야겠다'는 마음가짐인 것이다. 겸손한 자세로 성실하게 일한다면, 누구도 쉽사리 넘보지 못할 경쟁력을 장착하게 되는 셈이다. 잘나가는 프리랜서들은 이런 '겸손함'이 몸에 밴 경우가 많다.

일할 줄 아는 프리랜서는 2년차가 되면 더욱 겸손해진다. 힘들게 프리랜서계에 진입했는데 이듬해 또 찾아주면 그렇게 고마울 수가 없는 것이다. 담당자들이 2년차 프리랜서를 선호하는 이유는 웬만큼 일이 익숙해지고 안면도 익힌 데다, 2년차이니 보수도 그리 높지 않기 때문이다. 이때 계속 겸손하게 임하면서 일을 잘하면 롱런할 수 있다. 그런데 그걸 모르고 괜히 목에 힘주면 전화번호 목록에서 바로 지워진다. 벼가 익을수록 고개를 숙이듯, 경력이 쌓일수록 겸손하게, 성실하게 임해야 한다.

비단 2년차가 아니더라도 프리랜서는 처음 발주받은 일을 하고 나면 조바심이 난다. 다음에 또 부를지, 안 부를지 모르기 때문이다. 기다리고 있는데 전화가 오면 그 이상 반가울 수가 없다. 사실상 첫 번째는 테스트의 성격이 짙기 때문이다. 대개 처음 일을 맡긴 뒤 다시 부르면 이변이 없는 한 오래 일할 수 있다. 그렇기에 처음부터 겸손을 바탕으로 성실하게 접근해야 한다.

일 잘하고 인정받는 2년차 프리랜서의 노하우를 직장인들도 활용해보면 어떨까. 프리랜서계가 그렇듯 직장에서도 2년차는 무척 중요한 시기다.

입사 2년차는 신입사원의 티를 벗고, 조직과 업무에 어느 정도 익숙해지는 시기다. 그런 만큼 '이 정도 일쯤이야' 하고 생각하기 쉬운데,

이런 마음가짐으로 일하다 보면 반드시 사고를 치게 된다. 반면 2년차 때 '이제부터가 실전이니 제대로 일을 배워야겠다'는 겸손한 마음가짐으로 조금 더 긴장감을 갖고 고삐를 바짝 당기면 실력이 일취월장하는 바탕을 마련할 수 있다.

직장인이든 운동선수든 프리랜서든 '2년차 신드롬'을 잘 이겨내야 한다. 알량한 실력을 인정받았다고 야심만만, 혈기왕성, 분기탱천해 천상천하 유아독존으로 굴면 '진상'으로 찍힌다.

"많이 컸네."

2년차 때 이 말이 들려오면 뉘앙스를 잘 파악해야 한다. 지난 1년간 정말 열심히 했다는 칭찬인지, 벌써부터 겉멋이 들어 20년차 흉내를 내고 있다는 뜻인지 스스로 분별해야 한다. 그 말이 조직에 잘 동화되어 함께 할 수 있는 성실한 동지가 되었다는 칭찬이 될 수 있도록 하자. 3년차, 아니 30년차가 되어도 겸손을 바탕으로 성실하게 임하라. 진짜 고수는 자기 자신을 낮출 줄 아는 법이다.

sincerity

신입이든 고참이든,
24시간 대기조가 살아남는다

● 　　언제, 어디서든 마음만 먹으면 연락하기가 무척 쉬운 세상이다. 메일, 메신저, 전화, 문자 등 연락 수단도 다양할뿐더러 컴퓨터와 스마트폰 등 여러 기기로 접근도 수월하다. 그런 만큼 연락을 '씹으면' 성실성은 물론 인간성까지 의심받는 시대다. "안 들어왔는데요." "못 들었는데…." 이런 변명은 절대 통하지 않는다. 연락을 해도 답장을 잘 안 하는 사람들은 다음에 연락해도 마찬가지다. 주변 사람들과 얘기해 보면 물망에 오르는 사람들은 정해져 있다. 이런 사람들에 대한 평도 대체로 일치한다. "연락하면 잘 안 받고, 자기가 필요한 일 있을 때만 득달같이 연락하는 이기주의자와는 상종하고 싶지 않다."

　이런 사람들은 크게 두 가지 유형인데, '상사병형'과 '비밀고수형'이다. 여기서 말하는 '상사병'이란 사랑하는 사람을 못 잊는 병이 아니라, '상사'라는 권위가 나쁘게 몸에 배는 병을 뜻한다. 주로 비서가 연락을 받아주던 사람들인데, 직접 전화를 거는 게 어색하고 문자에 능하지 못한 이들이 대부분이다. 또 하나, '뭐야, 지가 나한테 연락할 군번이야?'라고 생각하는 사람들이다. 그러나 자기 위치만 믿고 연락을 무시하다가는 상사 자리에서 물러났을 때, 즉 퇴직 이후 따돌림 당할 위험이 크다. 현직에 있을 때 인간관계도 부지런히 연금을 들어놔야 한다. 바쁜 틈을 쪼개 사람들을 만나고 베풀어야 나중에 내가 만나고 싶을 때 사람들을 만날 수 있다. 바쁘다고 계속 튕기고 모임에도 안 나가다가 본인이 한가해졌을 때 "나, 시간 많아" 하면 누가 쳐다보겠는가. 그러니 아예 안면몰수할 사이가 아니라면, 연락왔을 때 꼬박꼬박 답장하고 시간이 없더라도 주기적으로 만나는 게 좋다.

비밀고수형은 웬만한 연락은 다 무시해버린다. 약간 자아도취형인 경우가 많아서, 자신을 스타로 착각하는지 연락 한 번 하기가 하늘에 별따기다. '너희 같은 서민들에게까지 호의를 베풀 여유는 없다'고 생각하는 모양이다. 그러나 언제 전세가 역전될지 모르니 다시 안 볼 사람이 아니라면 답장을 하는 게 좋다. 세상은 의외로 좁아 한두 다리 건너면 연결되는 경우가 많다. 게다가 SNS가 다 스크린하고 있기 때문에 비밀을 고수한답시고 연락을 잘하지 않아도 결국엔 뭘 하고 있는지 다 드러나게 된다.

연락이 잘된다는 건 '이 일은 내 일이다'라는 책임감을 가지고 일에 적극적이고 성실하게 임할 자세가 되어 있다는 의미다. 바꿔 말하면, 연락이 잘 안 된다는 건 '내가 연락이 안 될 때는 내 몫이 아니다'라는 뜻으로 해석할 수 있다. 일에 소극적이고 게으르며, 불성실하다는 방증이다. 언제나 '24시간 대기조'로 스탠바이하고 있어야 한다. 연락이 잘되느냐 안 되느냐 하는 것은 성실성과 태도의 문제다.

D는 일을 하는 도중에 연락을 끊어버리기 일쑤였다. 담당자가 발을 동동 구르고 사방으로 연락을 해봤지만 오리무중이었다. 나한테도 행방을 알아봐달라는 연락이 와서 여기저기 전화를 해봤는데, 돌아오는 답변이 "또 그 짓이냐. 늘 그러는 인간이다"라는 것이었다. 자주 결근해 결국 권고사직을 당했고, 그 후 프리랜서로 나섰는데 또 그런 일이 생긴 것이다. 나중에 알고 보니 새로운 애인과 시간을 보내느라 정신줄(?)을 놓고 있었다. 한창 혈기왕성한 시절이었다곤 하지만 신뢰성에 완전히 금이 갔고, 얼마 후 그의 행방을 아는 사람을 찾기 힘들었다.

후배 B는 프리랜서로 일하고 싶다더니 몇 달 사이에 전화번호를 두 번이나 바꿨다. 왜 자꾸 전화번호를 바꾸느냐고 묻자 처음에는 번호 이동을 하느라 그랬고, 두 번째는 귀찮은 전화가 자꾸 걸려 와서 그랬다는 것이다. 물론 나름의 사정이야 있겠지만, 자주 번호를 바꾸면 개인사가 복잡할지 모른다는 의심을 받을 수도 있다. 게다가 예전 번호만 알고 있는 담당자가 급히 찾을 일이 생기면 어떻게 할 것인가. 그런가 하면 또 다른 후배 프리랜서는 집에만 들어가면 휴대폰을 꺼버렸다. 밤에 연락 올 일이 없어서 그렇다고 했다. 그렇더라도 휴대전화는 끄지 말아야 한다. 행여 담당자가 급하게 연락을 할 수도 있는데, 담당자를 애태워서 도움 될 게 하나도 없다.

프리랜서 퇴출대상 1호는 마감을 지키지 못해 전화를 꺼놓거나 아예 전화를 받지 않고 일하는 케이스다. 프리랜서로 나선 지 얼마 안 되었을 때, 한 모임에서 프리랜서로 일하는 학교 선배를 만났다. 어느 날 그 선배가 화급한 목소리로 나한테 전화를 했다. 자기가 모 잡지사의 교육 특집을 맡았는데, 취재를 못한 게 있으니 좀 도와달라는 것이었다. 자신이 나중에 원고료를 받아서 줄 테니 꼭 좀 써달라고 했다. 워낙 다급한 상황인 것 같아 사립초등학교 교장을 전화로 인터뷰해 20매 짜리 원고를 써주었다.

인터넷으로 원고를 보내는 시스템이 구축되지 않았을 때여서 직접 디스켓을 들고 선배 집을 찾아갔더니 폭탄 맞은 몰골로 원고를 쓰고 있었다. 벌써 원고 마감일이 이틀이 지났는데 내일은 되어야 일이 끝날 것 같다고 했다. 걸려오는 전화를 안 받다가 세 번 만에 겨우 받더니만 계속 미안하다는 말만 했다. 담당자가 얼마나 화가 났는지 "지금 원고를 인쇄소로 넘겨야 하는데 당신 때문에 올스톱되었다"며 화를 버럭버럭 내는 소리가 전화기 밖까지 들렸다. 그러면서 반드시 오늘까지 원고를 보내라고 했다. 한두 꼭지였으면 그냥 빼버렸겠지만 스무 페이지짜리 특집이니 기다릴 수밖에 없었던 것이다. 옆에서 보기도 민망하고 내가 더 도울 것도 없어 디스켓을 전달하고 돌아왔다. 다행히 그 달치에 특집이 실렸고 내가 쓴 원고도 들어 있었다. 그 특집을 선배가 다 진행해서인지 내가 쓴 기사에도 바이라인이 따로 없었다. 당연히 원고료를 그 선배가 받았을 텐데 나한테 연락도 하지 않았다.

그 후 여러 잡지사에서 그 선배에 대한 악평을 들었다. '도저히 마감을 맞추지 못하는 프리랜서'로 아예 낙인이 찍혀 있었고, 지금은 무얼 하는지 알 길이 없다. 스무 페이지짜리 특집을 맡을 정도면 꽤 인정받는 프리랜서였을 텐데, 마감을 여러 차례 어기는 바람에 업계에서 퇴출되고 말았다.

그런가 하면 홍보회사를 운영하는 E대표는 직원 구하는 일로 늘 골머리를 앓고 있었다. 규모가 크지 않은 데다 전문분야 홍보회사여서 직원들이 어느 정도 경력을 쌓으면 자리를 옮겨버리기 때문이었다. 고심 끝에 능력 있는 사람과 파트너십을 맺고 일하기로 방침을 세웠다. 마땅한 사람을 소개받아 일을 수주해올 경우 인센티브를 지급하기로 하고 함께 일하자는 약속을 했는데, 돌연 연락이 되지 않는 것이었다. 갑자기 3~4일 정도 아예 연락이 되지 않는 일을 두어 번 겪고는 함께 일하는 것을 포기했다. 연락도 제대로 되지 않는 사람과 어떻게 프로젝트를 진행할 수 있겠는가. 연락이 잘 안 되는 것은 가장 기본적인 신뢰를 저버리는 일이다.

2011년 12월, 한 온라인 리서치에서 '상사에게 내가 하는 소심한 복수는?'이라는 주제로 설문조사를 진행했다. 직장인 2만 5728명이 답변했는데 1위는 23%의 지지를 얻은 '연락 오면 무시하기'였다. 그 이유로 '은근하게 복수하는 가장 좋은 방법!' '티가 나지 않는다.' '못 들은 척하는 것이 가장 안정적'이라고 답했다고 한다.

과연 티가 나지 않을까? 부하 직원에게 문자를 보냈다가 답장이 안왔을 때 "이 친구는 연락이 잘 안 돼." "사생활이 복잡한가?" "불성실하기 짝이 없군.”“내 문자를 씹고 안전한가 보자!”는 등의 말을 하는 상사를 많이 봤다. ‘못 받은 줄 알겠지’라고 생각하면 오산이다. 요즘은 40~50대도 대부분 스마트폰을 사용하고, 손가락이 보이지 않게 문자를 찍는 엄지족이 많다. 차라리 문자를 받았을 때 ‘부장님, 문자로 뵈니까 더 반갑습니다!’ ‘문자로 보내주시는 센스! 역시 부장님이세요~!’ 등 친근하게 답하는 것이 점수 따는 길이다. 소심한 복수보다는 과도한 사랑을 선택하는 편이 더 낫지 않을까. 연락 잘되고, 주문대로 생산하고, 시간 잘 맞춰주는 것, 이대로만 하면 어디서나 환영받는다.

일과 관련된 연락이든, 기타 다른 건이든 회사에서 상사나 동료가 하는 연락이라면 언제든 성실하게 답하는 것이 좋다. ‘내가 필요할 때면 언제든 달려가겠다’는 ‘24시간 대기조’의 각오, 제대로 자리잡힌 성실한 자세 하나만으로도 인정받고 사랑받을 수 있다.

24시간 대기조와 어깨를 나란히 하는 것이 ‘5분 대기조’다. 급한 일이 생겼을 때 마치 준비하고 있었던 것처럼 즉각 나서서 처리한다면 어디서나 사랑받는다. 사실 24시간 대기조와 5분 대기조는 최고위층 상사들이 살아가는 비결이다. 내가 아는 고위공무원과 회사 최고 임원들은 주말이건 공휴일이건 조직이 부르면 즉시 달려간다. 회사와 관련해 좋지 않은 기미가 보이는 뉴스만 나와도 자리를 박차고 일어서는 사람들을 많이 봤다. 신입사원 때부터 24시간 대기조와 5분 대기조 정신으로 무장한다면 승승장구할 수 있을 것이다.

"인간입니까,
기계입니까?"

●   지난 20년 동안 프리랜서로 일하며 숱한 프리랜서들을 만났
는데, 가장 기억에 남는 사람을 꼽으라면 단연 L을 들 수 있다. L에 대
해 소개하자면, 한마디로 '은근과 끈기로 점철된 의지의 한국인'이다.
L처럼만 한다면 성공하지 못할 사람은 지구상에 아무도 없다고 단언
할 수 있다. 성실함을 바탕으로 고지를 점령한 그녀의 파란만장 성공
기를 들려주는 것이 그 어떤 것보다 좋은 교훈이 될 것 같아, 가감없이
풀어놓으려 한다.

    L은 메이크업 아티스트였다. 어느 정도 경력을 쌓은 뒤 학원을 차렸
는데, 원생이 적어 월세를 내기 힘든 지경에 이르렀다. 그때 다행히 모
선거캠프와 연결되어 전화 아르바이트를 하게 되었다. 마침 그 캠프의
전화설문 담당인 S가 나와 아는 사람이었다. 평소 알고 지내던 시사잡
지 D기자가 내게 "전화로 설문조사할 사람을 추천해 달라"며 부탁을

하기에, S한테 "전화 매너가 가장 좋은 여자 두 명만 추천해달라"고 했다. 그 계기로 L과 다른 한 명이 시사잡지에 입성하게 되었다.

L에게 첫 번째로 떨어진 일은 국회의원들의 병역상황을 전화로 조사하는 일이었다. 국회의원 수첩을 받고 보니 이름이 한자로 되어 있었다. 한자에 질려 다른 한 명은 말도 없이 가버리고, L은 월세 걱정에 집에 가서 옥편을 보고 이름 밑에 한글로 토를 달아 다음 날부터 일을 시작했다.

일을 대하는 그녀의 자세는 진지하다 못해 경건했다. L은 출근한 날짜만큼 돈을 받는 일당제로 일했다. L은 생소한 분야이니 일이 서툴러 시간이 오래 걸린다며 매일 아침 7시에 출근해 밤 12시까지 일했다. 남들 두 배는 해야 일당을 받는 게 미안하지 않다는 자신만의 계산법 때문이었다.

일을 맡기면 지나칠 정도로 성실하게 일해 결과물을 내놓자, 이에 감탄한 편집장이 매달 L을 위한 꼭지를 일부러 배정해주었다. 오피니언 리더들이 보는 시사잡지인 만큼 '명사 100인이 뽑은 한국의 가곡' '명사 100인이 본 한국 최고의 영화'와 같은 종류의 설문조사와 '명사들에게 듣는 웃다 죽을 뻔한 사연' '명사들이 기억하는 나의 어머니' 등의 수필을 받아 특집을 구성하는 일이었다. 계속 명사들을 대상으로 전화를 하거나 원고를 받다 보니 얼마 안 가 대한민국 명사들은 'L의 손안에 있소이다' 수준이 되었다. 웬만한 명사들의 휴대폰 번호는 물론 자택 전화번호를 보유하게 되어 기자들도 명사를 섭외할 일이 있으면 L에게 부탁하기에 이르렀고, 다른 매체에서 그녀가 보유한 전화번호 목록을 보고 스카우트를 제의하기도 했다. 실제로 한 해외업체가 국내에 진출하며 VIP 런칭쇼를 준비할 때, 그녀가 멤버를 선정하는 일을 맡은 적도 있다.

L이 승승장구한 비결은 무엇일까? '남들 두 배로 일해야 미안하지 않다'는 성실성과, 전화 받는 이에 대한 배려로 가득한 전화매너였다. 부드럽고 격조 있는 목소리에다 친절하기 그지없는 전화매너에 명사들이 감탄을 하곤 했는데, 한번은 이런 일도 있었다.

"안녕하세요. ○○ 잡지의 조사요원 누구입니다. 이번에 이러이러한 조사를 하게 되었습니다."

L이 자신을 소개하자 전화를 받은 여류명사가 너무나 정교한 음성에 놀라 이렇게 물었다고 한다.

"인간입니까, 기계입니까?"

그러자 L이 정중하게 답했다고 한다.

"인간입니다."

어떤 유명인사는 나에게 전화해 이렇게 말한 적도 있다.

"L 알아? 목소리가 어찌나 은근하고 매력적인지, 사람 빨려들게 하네. 나 웬만하면 원고 안 쓰는 거 알지? 근데 덜컥 쓰겠다고 했다니까."

L이 이 잡지사에서 오래 일하게 된 데는 '분위기 파악'도 한몫했다. 대부분의 잡지사가 그렇듯 당시 그 회사도 칸막이 없이 책상이 마주 붙어 죽 늘어서 있는 구조였다. 큰 사무실 내에 여러 매체가 함께 일할 때인데, 조용한 분위기에서 누가 전화를 하면 목소리가 사방으로 퍼져

나갔다. 그전에도 몇 사람을 전화요원으로 소개했지만 일단 분위기 파악에서 실패한 그들은 더 이상 부름받지 못했다. L이 계속 일하게 된건 은근하고 작은 목소리로 남들에게 피해를 주지 않고 일을 진행했기 때문이다. 바로 옆에 앉지만 않는다면 들리지 않을 정도로 목소리를 낮추어 전화를 했다. 카랑카랑한 목소리로 "네? 네? 뭐라고요?"라고 되묻기 일쑤였던 전임자들과는 격이 달랐다. 나중에 L의 이야기를 들어봤더니, 일단 상대방과 통화를 해 이메일 주소를 알아낸 다음, 복잡하게 설명해야 할 부분은 이메일로 보냈다고 한다. 이러한 센스가 그녀를 오래 일하게 한 것이다.

그녀가 또 하나 명사들을 감동시킨 비장의 무기가 있었다. 잡지가 나오면 일일이 편지를 써서 명사들에게 보냈던 것이다. 정말 어렵게 섭외했을 경우에는 잡지를 들고 직접 사무실을 방문해 감사인사를 전하기까지 했다. 감동한 명사가 다음에도 L의 요청에 기꺼이 응하는 것은 당연지사 아니겠는가.

L은 담당기자와 함께 일을 진행하다가, 나중에는 단독으로 꼭지를 진행하는 경지에 오르게 되었다. 그러던 중 모 방송사 PD가 편집장에게 연락해 섭외작가를 추천해달라고 요청했다. 그러자 편집장이 L을 추천했다. 나도 아는 PD였는데, 나한테도 확인 전화가 왔다.

"L씨하고 같이 일했다면서. 사람 어때? 섭외작가로 추천받았는데, 경력이 없는 사람이라 결정을 어떻게 내려야 할지 모르겠네."

그때 망설임 없이 말해주었다.

"섭외라면 대한민국에서 그녀를 따라올 사람이 없을 거다."

그렇게 해서 L은 라디오 방송으로 옮겨가게 되었다. 처음에는 섭외 업무를 담당하더니 원고 쓰기에 도전했고, 결국 섭외작가는 물론 원고까지 쓰는 구성작가도 안착했다. 보나마나 잡지사에 입문했을 때처럼, 일을 익히기 위해 고군분투하며 누구도 따라올 수 없는 특유의 성실성으로 밀어붙였을 것이다. 방송사는 뒤늦게 입성하기도 힘들뿐더러 일을 못하면 개편 때 바로 물갈이되는데, L은 그 관문을 통과한 것이다. 맡은 프로그램이 새벽방송이어서 밤늦게 사건이 터지면 계속 아이템이 달라지는 바람에 잠을 설치기 일쑤라더니, 어느 날 살이 좀 올라서 나타났다. 몸매관리할 틈이 없다는 것이다.

요즘 그녀는 케이블 TV 경제프로그램 메인작가로 일하고 있다. 또다시 새로운 분야에 도전하게 된 바람에 24시간 일하는 체제로 돌입했다며 웃었다. 말은 그렇게 해도 시사잡지에서 10여 년 일하면서 잡지를 계속 읽었고, 라디오 시사프로그램에서 4년여 동안 일하면서 방송감각을 익힌지라 TV 경제프로그램도 무리 없이 구성하고 있다. 최근에 만났더니 대한민국 최고의 경제프로그램 구성작가가 되고 싶다는 당찬 포부를 밝혔다.

한자를 못 읽어 절절매던 메이크업 아티스트를 TV 경제프로그램 메인작가로 변신하게 한 힘은 오로지 '성실함'이다. 일당을 받는 게 미안하지 않으려면 두 배로 일해야 한다는 마인드, 까칠한 상대도 감동시킨 전화매너, 뛰어난 판단력으로 회사 분위기를 파악해 다른 이들에게 피해가 가지 않도록 한 배려심, 모두 '성실함'으로 귀결되는 L의 노력이었다. 아마도 L은 아프리카 밀림에 풀어놓아도 추장과 친해져서 잘 살 거라는 게 나의 믿음이다.

1분 지각이
1년 평가를 망친다

●   성실성을 단순 비교하려면 '지각'이 괜찮은 리트머스지다. 지각하는 사람들은 사실 그리 많이 늦지 않는다. 늦어봐야 5~10분 이내다. 그러니 지각한 사람들은 억울한 마음이 든다. '어차피 출근해서 바로 일하는 것도 아닌데 5분, 10분 늦게 왔다고 문제될 게 있나?' 이런 생각을 하는 것이다. 하지만 지켜보는 사람의 입장은 다르다. 매일, 혹은 자주 몇 분씩 늦게 출근하는 사람을 신뢰할 수 있겠는가? 만약 비행기나 기차를 탈 때 5~10분 늦는다면? 당연히 놓치게 된다. 다음 비행기나 기차를 이용하면 그만큼 늦게 도착할 수밖에 없다.

상사들은 지각하는 직원은 결코 회사를 대표하는 자리에 내보내지 않는다. 다른 회사와 협상을 하러 가는 자리에도 늦게 갈 게 빤하기 때문이다. 늦게 가면 미안한 마음에 한 수 굽히고 들어갈 수밖에 없고, 그렇게 되면 협상에서 유리한 고지를 점하기 어렵다. 그런 실수를 할 게 불 보듯 훤한 사람을 믿고 어떻게 큰일을 맡기겠는가.

너무 박하다고 여겨진다면, 이렇게 생각해보라. 만약 외교관이 국제적인 모임에 늦게 가면 어떻게 될까. 절대 우리나라에 유리한 결론을 끌어낼 수 없을 것이다. 그런 사람은 국민의 이름으로 해고해야 하지 않을까? 국민의 세금을 받는 사람이 국민을 대표하는 자리에 지각한다는 것은 있을 수 없는 일이다.

성실성을 인정받고 싶다면 절대 지각해서는 안 된다. 가장 기초적인 시간 약속조차 감당하지 못하는 사람에게 어떻게 성실함을 기대할 수 있겠는가.

취재를 하러 가면 정말 유명한 사람들, 좀처럼 만나기 힘든 분들일수록 절대 지각하지 않는다. '취재기자가 그분들의 사무실에 찾아가기 때문이지'라고 생각한다면 오산이다. 밖에서 만날 때도 최고 명사들은 결코 늦지 않는다. '그거야 비서가 있고 운전기사가 있기 때문이지'라고 생각한다면, 그런 면이 없지는 않겠지만 극히 일부일 뿐이다. 성공한 사람일수록 시간 약속의 중요함과 무서움을 알고, 이를 철저히 지키는 것이다.

많은 명사들이 강연을 하거나 큰 회합이 있을 때 약속시간보다 30분 먼저 나와 준비하곤 한다는 이야기를 들었다. 직원들이 30분 먼저 도착해보면 이미 나와 있는 오너를 보고 다음에는 1시간 빨리 나갔다는 말들을 한다. 시작 시각에 맞춰 나오기보다, 미리 나와서 장소를 둘러보며 그날 일을 미리 그려보는 게 명사들의 성공 습관이다. 베테랑이 이럴진대, 실무를 익히는 사람이 지각을 해서야 되겠는가.

잘 아는 프리랜서 F가 기고하던 잡지에 기자로 스카우트되었다. 대부분 공채로 입사해 서열이 엄정한 곳이었는데, 갑자기 프리랜서가 정식 기자로 합류하니 사무실 분위기가 어색했다. 게다가 F가 경력이 짧은 데 비해 나이는 많은 바람에, 구성원들 간에 서열이 이상해져 어정쩡한 분위기가 연출되었다. 그러나 F가 구성원들과 화합하지 못한 진짜 이유는 따로 있었다. 출근시간을 무시했기 때문이었다.

다른 기자들은 전날 아무리 밤늦게까지 일해도 아침 9시면 어김없이 출근했는데, F는 10시에 나올 때도 있고 아예 오후에 나올 때도 있었다. 어느 날 사무실에 들렀더니 모 기자가 분통을 터뜨렸다.

"아주 기본이 안 되어 있어. 입사했으면 여기 룰을 지켜야 할 거 아냐. 근데 전체 분위기를 흐리고 있다고. 정 피곤하면 일단 아침에 출근하고 잠깐 사우나에 쉬러 갔다 오면 되잖아. 저렇게 출근을 제멋대로 하는 건 말이 안 돼. 회사가 얼마나 만만하면 그러겠어? 우리들을 우습게 보고 무시하는 거라고. F는 기본이 안 돼 있는 건 둘째치고 도가 지나쳐서 무식한 수준이야."

그래서 내가 F를 따로 불러내 "출근시간 안 지키는 것 때문에 말들이 많으니, 시간을 지켜라"고 하자 오히려 불평을 늘어놓았다. "내가 지금 시리즈물을 맡아서 매일 밤 12시가 넘도록 일하는데 어떻게 9시에 출근을 해." 그렇게 툴툴대더니, 본인이 생각해도 안 되겠던지 결국 9시 정시 출근을 했다.

출근시간, 약속시간을 지키는 것은 기본 중의 기본이다. 특히 출근시간은 약속시간 중에서도 가장 기본이다. 1분이라도 절대 지각하지 않도록 유의하자. 지각은 잘못된 습관에서 비롯된 행위다. 내 수업을 듣는 학생들을 보면 지각하는 학생이 늘 지각하고 리포트도 늦게 낸다. 회사도 지각하는 사람이 늘 지각하고 원고 마감을 못 지키는 사람은 다음 달도 헉헉거린다. 잘못된 습관은 초기에 고쳐야 한다.

기본을 제대로 안 지키면 당연히 성실성을 의심받게 된다. 불성실하다는 평가는 개인에게 치명적일 수밖에 없다. 성실성은 그 어떤 것보다 반드시 획득해야 할 스펙이다. 프리랜서에게도 당연한 이야기지만, 정해진 업무 시작 시각과 종료 시각이 있는 직장인들은 지각이 성실성을 재는 중요한 잣대라는 것을 명심해야 한다.

sincerity

시간 관리는
몰입하는 습관으로 해결하라

●   회사를 드나들다 보면 나를 부러워하는 클라이언트들을 종종 만날 수 있는데, 그 이유 중 하나는 '시간을 스스로 관리할 수 있다'는 것 때문이었다. 물론 직장에 적을 두고 있는 사람들보다야 자유로운 것은 맞지만, 그렇다고 편하기만 한 것은 절대 아니다.

프리랜서로 지내다가 직장으로 복귀하려는 이들이 공통적으로 하는 얘기는 "바쁜 건 매한가지다. 차라리 직장에 다닐 땐 퇴근시간 이후에는 일을 안 했는데, 프리랜서가 되고 나니 퇴근시간도 없이 밤낮으로 일하게 된다. 시간을 잘 활용해서 새로운 분야에 도전해보려고 했는데, 시간이 없으니 직장으로 돌아가는 게 낫겠다"는 것이다.

실제로 일더미에 묻혀 제대로 휴가도 가지 못하는 프리랜서들이 많다. 휴가를 갔다 오면 일이 그만큼 쌓여 있으니 갈 엄두를 못 내는 것이다. 일이 불규칙적으로 들어와 딱히 휴가기간을 정하기 힘들다는 프리랜서들도 많다. 물론 프리랜서 중에도 고정적으로 수입이 들어오는 일을 하는 경우가 있다. 그렇게 되면 직장인과 별다를 게 없어진다. 외려 매달 일정 분량의 일을 하면서 큰 프로젝트를 동시에 진행하면 이중삼중으로 바빠 정신을 차릴 수가 없다.

프리랜서에게 가장 중요한 것은 시간 관리다. 그만큼 곤혹스러운 것 또한 시간 관리다. 누구의 간섭도 없이 내 마음대로 시간을 사용할 수 있기 때문에 종일 아무 일 안 하고 있어도 눈치 주는 사람이 없다. 그러니 시간 여유가 있으면 마냥 놀다가 마감이 가까워오면 거의 식음을 전폐하고 일하는 경우도 부지기수다. 또한 프리랜서 중에는 저녁형, 혹은 심야형 인간이 많다. 특별한 스케줄이 없을 때면 늦게 일어나서 오후 느지막이 일을 시작하는 경우가 대부분이다.

프리랜서가 아니어도 크리에이티브와 관련된 일을 하거나 글 쓰는 일에 종사하는 직장인 중에는 저녁형 인간이 많다. 저녁형 인간들이 하는 말은 거의 공통적이다. 밤이 되어야만 일이 잘된다는 것이다.

내가 예전에 함께 일했던 광고회사 직원들이 그랬다. 직원이 20여 명 정도 되는 매우 가족적인 분위기의 회사였는데, 창의적이어야 하는 광고 일이어서 대표가 직원들에게 자율권을 많이 주었다. 그래서 일부 직원들은 마치 탄력근무시간제를 실시하듯 오후에 출근해 심야까지 일했다. 아무리 오전에 일을 하려고 해도 잘 안 된다는 것이었다. 오후에 출근해서도 바로 일을 하지 않고 빙고 게임을 하면서 놀았고, 사무실에는 언제나 FM라디오를 켜놓았다. 나도 그 사무실에 가면 직원들과 빙고 게임을 몇 번 해야 업무 이야기를 시작할 수 있었다. 결론적으로 말하면 그 회사는 크게 성장하지 못했다.

꼭 밤이 되어야 글이 잘 써질까? 그렇다는 사람이 대부분이지만 그렇지 않은 경우도 얼마든지 있다. 1993년 삼성전자가 신경영을 선언하면서 '오전 7시 출근, 오후 4시 퇴근제'를 실시했다. 당시 제일기획과 삼성전자를 자주 드나들었던지라 오전 7시 30분에 열리는 회의에 참석하려면 덩달아 나도 일찌감치 일어나야 했다.

당시 중앙일보 출판국에서 발간했던 잡지사의 기자들도 7시에 출근했는데, 여성잡지 기자로 일했던 K의 얘기가 흥미로웠다. 늘 밤늦게까지 일하고 오전 느지막이 출근했던 기자들이 아침 7시로 출근시간이 당겨지자 다들 사무실에 들어서기 무섭게 책상에 엎드려 잠자기 일쑤였다고 한다. 그런데 차츰 7시 출근에 적응하면서 일의 능률이 훨씬 높아졌다는 것이다.

"그전에는 출근하면 여기저기서 전화가 울려댔어. 섭외하느라 전화를 걸기도 하고. 그러니 시끄러워서 집중이 안 됐지. 그런데 7시에 출근하니까 전화 오는 데가 한 군데도 없는 거야. 전화를 걸 데도 없어. 그때 출근하는 회사가 없으니까. 그러니 아침에 와서 전날 취재한 기사를 쓰거나 자료를 보면서 기획을 하는데 9시까지 두 시간을 정말 알차게 보냈어. 집중의 힘이지."

결국 시간 관리는 성실하게 들인 '습관'에 달려 있다. 언제 일하느냐가 중요한 것이 아니라, 얼마나 몰입하느냐가 중요한 것이다. 시간도 몰입하는 습관을 들이기에 따라 얼마든지 관리할 수 있다는 결론이다.

실제로 기자들을 보면 일간지, 주간지, 월간지 기자들의 글 쓰는 습관이 다 다르다. 일간지 기자들은 글을 미루지 않고 바로 쓴다. 매일 신문이 나오니 미룰 수가 없는 것이다. 나도 일간지로부터 칼럼이나 에세이 청탁을 받았을 때 마감 시간을 어긴 적이 단 한 번도 없다. 그 날그날 만들어야 한다는 걸 너무 잘 알고 있기 때문이다. 주간지도 미룰 시간이 별로 없다. 취재의뢰가 오면 보통 2~3일 안에 원고를 보내야 한다. 일주일 단위로 잡지를 만드니, 취재 지시가 떨어지면 바로 섭외하고 취재를 끝낸 뒤 기사 작성에 들어가야 한다. 이리저리 생각할 겨를이 없는 것이다.

문제는 월간지다. 월간지는 일찌감치 청탁을 받고, 취재를 다 끝내고도 대개의 경우 바로 쓰지 않는다. 차일피일 미루다가 마감 때가 되면 발등에 불 떨어진 것처럼 서두르고 급기야 밤을 새워가면서 글을 쓰는 사람이 많다. 한두 꼭지면 상관없는데 몇 꼭지를 동시에 진행할 경우 마감 때가 되면 거의 인간의 몰골이 아니다. 그래도 월간지는 마감을 하루이틀 넘겨서라도 어떻게든 마무리를 하게 된다. 꼭 그 날짜에 책이 나와야 하니 초인적인 힘을 발휘하게 되기 때문이다. 그래서 월간지 기자들은 "마감이 글을 쓴다"는 말을 하곤 한다.

월간지가 이럴 정도니 단행본은 어떨지 짐작이 갈 것이다. 단행본은 아무리 마감이 빨라도 몇 개월 정도의 기간이 주어진다. 여기서 시간 관리를 잘하는 사람과 제대로 못 하는 사람이 극명하게 갈린다. 제 시간에 원고를 턱하니 출판사에 안기는 사람은 그리 많지 않다. 편집진의 양해를 얻어서 시간을 연장해가며 글을 마무리 짓는다.

예전에 모 출판사의 담당자와 가깝게 지내면서 그의 고충에 대해 들은 적이 있다. 그 담당자가 말하길 마감을 한 번에 딱 지키는 작가는 그리 많지 않다고 했다. 뒤늦게라도 작품을 갖고 나타나면 다행인데 아예 종적을 감춰버리는 작가들도 있다고 했다. 선인세를 돌려주지 않고 연락을 끊어버린 사람 중에 이름만 대면 알 만한 사람도 있다니 놀랄 일이다. 국내에서 손꼽히는 출판사와의 약속을 깨고 사라졌다면 이 바닥에 다시 발 들이밀기가 쉽지 않을 것이다. 그런 걸 잘 알면서 연락을 끊은 것은 '시간 관리'에 실패했기 때문이다.

작가들은 마감을 지키기 위해서 엄청난 노력을 기울인다. 작품 구상이 아직 안 됐다, 자꾸 막힌다, 중간에 구상이 달라졌다 등 여러 가지 이유가 있겠지만, 마감을 못 지키는 가장 근본적인 이유는 시간 관리에 있다. 그러다 보니 작가들은 좋은 작품을 약속한 날짜에 쓰기 위해 갖가지 방안을 마련한다.

10여 년 전에 14명의 소설가를 릴레이 인터뷰할 기회가 있었는데, 모두들 자신만의 다양한 방법으로 시간 관리를 위해 고군분투하고 있었다. 대개 작업실을 따로 마련해놓고 작업을 했는데 대낮에 글이 안 써져서 창문에 검은 커튼을 치고 글을 쓰는 작가도 있었고, 다른 사람이 찾아오지 못하도록 절대 작업실 위치를 가르쳐주지 않는다는 작가도 있었다. 작품을 쓰는 기간 동안은 아예 지방에 내려가서 사람들과 연락을 차단하는 작가들도 있었다. 《가시고기》의 조창인 작가는 집에 가고 싶은 유혹을 뿌리치기 위해 중앙대학교 동문 작가들과 함께 서울과 먼 충청도 쪽에 집을 얻어 글을 쓴다. 가족들과 '별거'까지 하는 이유는 오직 시간을 지키기 위해서다.

14명 중 이순원 선생만 집에서 주로 낮에 작업한다는 답변을 들려주었다. 금융계에서 오랫동안 직장생활을 한 뒤 전업작가로 나선 그는 "잠깐 집필실을 가져봤는데 집에서는 집필실 가서 쓰지, 집필실에서는 집에 가서 하지, 하고 자꾸 미루게 되더라. 집에서 일하는 게 자료 찾기도 쉽고, 휴식하기도 좋고, 식사하기도 편하고, 오가느라 쓸데없이 시간 낭비할 일 없어서 좋다"고 했다. 그는 직장에 다닐 때도 직장 때문에 글을 못 쓴 일은 없다며, 글 쓰는 일은 자신과 잘 맞는 직업일 뿐 그 일로 괜히 엄살떨 것 없지 않느냐고 반문했다. 수십 년간의 직장생활을 통해 몸에 익은 규칙적인 생활이 집필하는 데도 큰 도움이 된다는 이야기였다.

직장을 그만둔 사람들은 할 일이 없으면 아침 일찍 등산이라도 간다고 한다. 수십 년 몸에 익은 성실한 습관 덕택이다. 프리랜서라면 꿈도 못 꿀 일이다. 수십 년 직장생활에서 익힌 성실함을 바탕으로, 생산적으로 시간을 관리한다면 퇴직 후에도 걱정 없을 것이다.

그나마 전업 작가들은 온전히 하나의 일에만 몰입할 수 있지만, 두 가지 일을 동시에 해야 하는 사람들은 사정이 다르다. 직장에 다니면서 다른 일을 하거나, 프리랜서로 다양한 일을 하면서 개인 작품활동을 하는 사람들이 대표적 경우다. 두 가지 일을 하려면 그만큼 시간 관리를 잘해야 한다. 시간 관리를 가장 효율적으로 할 수 있는 방법은 바로 '몰입'하는 것이다.

나는 여러 정기간행물에 기고를 하고 정기적으로 강의를 하면서 단행본을 내는데, 늘 시간에 쫓기고 마감에 허덕이며 산다. 중요한 것은 '마감'을 잘 조절하는 것이다. 마감이 중첩되지 않게 일을 받고, 순서에 따라 잘 지키면 큰 문제가 없다. 하지만 솔직히 고백하자면 나 역시 뜻대로 되지 않아 황급히 담당자에게 연락해 시간을 조정하는 경우도 있다.

마감을 잘 지키려면 데드라인을 확실히 정해야 한다. 그리고 그 데드라인을 지키기 위해 최선을 다해 몰입하는 것이 시간 관리를 잘하는 최선의 방법이다. 스케줄이 얽히지 않도록 계획적으로 일을 진행하되 사안별로 마감 시간을 정해놓고 그 마감을 철저히 지키면 된다. 그런데 그걸 하나 놓치면 결국 다음 스케줄에 영향을 미치고 나중에는 얽히고설켜 풀 수가 없다. 잠적해 선인세를 뱉어내지 않는 작가들은 대개 여러 출판사와 출판계약을 맺었다가 결국 이를 지키지 못한 경우다. 애초에는 마감을 다 다르게 정해 계약했겠지만, 하나둘 미루다가 결국 몇 개가 얽히자 도저히 책임질 수가 없어 잠적했을 것이다.

시간 관리를 잘하는 사람들은 쓸데없이 허비하는 시간이 없다. 자투리 시간까지 살뜰히 채워 자신이 짠 시간표대로 움직인다. 누구에게나 똑같이 주어진 24시간을 27시간, 30시간으로 늘릴 수는 없지만, 우선순위를 세워 비생산적으로 보내는 시간을 움켜쥐면 잃어버렸던 3시간, 5시간, 7시간을 되찾을 수 있다. 가구배치를 잘하면 공간을 확보할 수 있는 것과 마찬가지 이치다.

15년 동안 직장생활을 하고 퇴직한 Y씨는 소설, 동화, 자기계발서 등을 낸 작가다. 지금은 1인 출판사를 경영하면서 기업체 사사 일을 맡아서 하고 있다. 3~4명이 하는 일을 Y씨가 혼자서 처리하는 수준인데, 그러면서도 마감을 어기지 않고 일을 착착 진행한다. 그 비결이 무엇일까? 그의 하루 일과를 보면 답이 나온다.

그는 아침 4시에 기상한다. 그때부터 아침 식사를 할 때까지는 집에서 주로 창작을 하는데, 새벽에 맑은 정신으로 글을 쓰면 능률이 오른다고 한다. 아침을 먹은 뒤에는 주로 집에서 잡무를 처리하고 아내와 함께 시간을 보낸다. 그리고 점심을 먹은 뒤에 20분 거리의 집필실로 출근한다. 기업에서 발주 받은 일을 할 때는 그쪽에서 제공하는 사무실을 이용하기도 한다. 사무실이나 집필실에 출근해서 저녁 7시까지 일을 한 뒤 1시간 정도 천천히 걷기 운동을 하면서 하루 일을 정리하고 작품 구상도 한다. 8시쯤 저녁을 먹고 다시 사무실에 가서 작품을 쓰거나 청탁 원고를 쓰고 11시가 넘어서 퇴근한다. 가끔 술약속이 있을 때 저녁 외출을 하긴 하지만 거의 대부분 새벽 4시부터 밤 11시로 이어지는 이 시간표를 철저히 지킨다. 이렇게 생산적으로 시간을 활용하기 때문에 회사에서 수주한 일을 하면서 꾸준히 자신의 책도 낼 수 있는 것이다.

동화작가 고정욱 선생은 200여 권의 어린이책을 출간했다. 현재 쓰고 있는 작품, 출판사에서 보내온 교정지에 담긴 작품, 새롭게 기획하는 작품이 마치 컨베이어 벨트처럼 돌아가고 있는데, 보통 10권 정도가 동시에 진행된다고 한다. 고 선생은 이렇게 책을 많이 쓰면서도 이틀에 한 번꼴로 강연을 다닌다. 페이스북에 강의시간표를 찍어 올리곤 하는데 강의 요청의 반 이상이 지방이라, 여수 갔다가 서울 왔다가 다시 부산에 가는 식으로 전국을 누빈다. 어찌나 바쁘게 사는지 보는 사람의 숨이 가쁠 지경이다.

어릴 적 앓은 소아마비로 몸이 불편한 그는 먼 거리는 대중교통을 이용하고 가까운 거리는 직접 차를 몰고 간다. 혼자 자가용을 타고 이동할 때는 차 안에서 녹음을 한다고 한다. 동화를 구상해 구연동화처럼 구술하는 것이다. 그러면 아르바이트생이 녹음 내용을 문서로 작성하고, 고 선생은 그것을 보면서 수정하는 식으로 작업을 진행한다.

"바쁠 게 뭐 있나. 계획한 대로 죽 가는 거다. 남들은 나에게 살인적인 스케줄을 소화한다고들 하는데, 시간표대로만 실행하면 전혀 힘들게 없다. 나는 그날 일은 반드시 그날 끝낸다. 그렇지 않으면 계속 밀리기 때문이다. 지방을 자주 오가다 보니 컨디션 조절하는 방법도 다 습득했다. 가끔 가면 피곤하지만, 늘 다니면 괜찮다."

그 말을 들을 때 다들 고개를 절레절레 흔들었다. 비생산적인 일이 끼어들 여지를 없애고, 계획을 꾸준히 실천해나가는 비결은 강한 의지에 있다.

회사를 그만두고 싶은 이유가 '시간을 자유롭게 쓸 수 없어서' 혹은 '내 시간을 회사에 너무 많이 뺏기는 것 같아서'라면, 재고하는 게 좋지 않을까. 너무 당연한 말이라고 생각할지도 모르지만, 직장에 다니면서 성취하고 싶은 게 있다면 그만큼 더 열심히 살면 된다. 퇴근 이후 시간과 휴가기간을 이용해 자신만의 분야를 개척한 성실한 사람들의 사례는 얼마든지 찾아볼 수 있다. 시간 관리는 '성실하고자 하는 내 자신의 의지'에 달려 있다는 사실을 잊지 않았으면 좋겠다.

"한 번도 쓰지 않은 365일을 새로 지급받았습니다. 모두들 아름답게 씁시다."

1999년 1월, 이외수 선생을 인터뷰하러 갔을 때 신년 초 홈페이지 인사말을 줄이고 또 줄여서 딱 두 줄로 만들었다며 소개한 내용이다. 시간은 신이 우리에게 맡긴 귀중한 과업이다. 함부로 사용하면 안 된다. 몰입으로 낭비하는 시간을 줄여보는 건 어떨까. 비생산적인 시간을 얼마나 줄이느냐에 따라 내 미래가 달라진다.

sincerity

묻지도, 따지지도 말고
"괜찮습니다!"

● 　　프리랜서 초창기에 가장 많이 들은 말은 "묻지도, 따지지도 말고 무조건 OK하라"는 것이었다. 찬밥 더운밥 가리지 말고 일이 주어지면 감사합니다, 하고 받아서 하라는 뜻이다. 사실 처음 프리랜서 시장에 나서면 누가 전화만 해줘도 고맙고 황송하다. 그러니 누가 내게 일을 부탁하면 무조건 OK하게 된다. 지금도 나는 모르는 사람이 일을 맡기고 싶다고 전화하면 어떻게 나를 알았냐고 정중히 물은 뒤, 반드시 나를 소개한 사람을 찾아 감사 인사를 한다. 모르는 사람이 나를 찾아내 전화하는 것, 누군가가 나를 추천해주는 것, 얼마나 고마운 일인가.

　지난 2009년부터 새롭게 시작한 일이 공공기관과 기업 강연이다. 2008년 자기계발서 《+1%로 승부하라》를 내면서 자의반 타의반으로 시작하게 되었는데, 아직은 부족한 수준이다. 그래서 강연을 하면서 실력 있고 부르는 곳이 많은 강사들을 만나게 되면 궁금한 것들을 묻곤

한다. 열심히 뛰는 명강사들이 나에게 당부한 말은 "어디서 부르든 묻지도, 따지지도 말고 OK하라"는 것이었다. 프리랜서 초창기 때 듣던 말을 강사 입문 초기에 똑같이 듣게 된 것이다.

사흘 연속 이어지는 지방 강의를 하러 간 적이 있었다. 담당자, 그리고 오후 강의를 끝낸 K강사와 함께 저녁을 먹으며 이런저런 얘기를 했다. K강사는 '조직의 이해'에 관해 강의하는 분이었는데, "강의에 목숨 걸었다"고 자신을 소개했다. 아직 강의 쪽에서는 '초짜'인 내가 한 말씀 해달라고 청해 열심히 들었다. 회사를 다닌 경력도 있고 기획사를 운영한 경험도 있다는 K강사는 전망도 있고 적성에도 맞아 앞으로 강의에 '올인'할 계획이라고 했다.

"담당자가 어떤 요구를 하든 다 듣는다는 게 나의 신조다. 내가 다음 주에 강의하기로 한 곳에서 강의 브리핑을 해달라는 요청이 왔다. 서울에서 6시간 걸리는 곳이다. 대개 강의안만 보내면 된다. 하지만 담당자가 상사들이 어떤 강의인지 알고 싶어 한다며 브리핑을 요청하기에 무조건 간다고 했다. 브리핑하는 건 강사료를 따로 받지 않는다. 10분 브리핑하려면 왕복 12시간, 하루가 날아간다. 그래도 담당자가 원하니 간다."

강의 시장 규모가 조 단위라는 추정이 나올 정도로 방대하지만, 강사가 워낙 많아 포화상태라고 한다. 그런 데다 경기가 나빠지면서 중소기업 쪽 강의가 많이 줄어 요즘 고전하는 강사들이 많아졌다. 그러나 K강사는 "언제 힘들지 않은 때가 있었느냐"고 반문하며 어떤 경우에도 "괜찮습니다"라는 성실하고 겸손한 자세로 일하면 길이 생긴다고 강조했다. '시키는 것은 무엇이든 하겠다'는 성실하고 충성심 있는 태도로 일에 임하면, 기회가 찾아온다는 것이다.

예를 들어 서울에서 남해까지 가 배에 막 타려는 순간 담당자가 "오늘 섬에서 하기로 한 강의 취소됐습니다"라고 통보했다고 하자. 그래도 밝은 목소리로 "괜찮습니다"라고 답해야 한다는 것이었다. "그래도 그건 너무하지 않느냐"는 내 말에 K강사는 "그때 항의했다가는 다시 연락이 안 오는 수가 있다"고 했다. 한 번 참고 계속 일하는 게 낫지, 괜히 성질냈다가 일이 끊기면 나만 손해라는 것이다. 담당자 리스트에 강사 이름이 빽빽하다는 걸 기억하라고 충고했다.

언제 일이 끊길지 모르는 프리랜서에게 클라이언트는 구세주나 다름없다. 그러니 누가 전화를 하면 무조건 감사한 마음이 든다. 하지만 직장인은 업무가 폭주하면 그것만큼 짜증나는 일이 없다. 실제로 많은 직장인이 격무에 시달리느라 건강까지 해친다는 기사가 나왔다. 그런 상황에서 일이 떨어질 때마다 묻지도, 따지지도 않고 OK하기가 쉽지는 않다.

하지만 일단 상사가 일을 줄 때는 무조건 밝은 표정으로 "OK!"를 외치며 받는 게 상책이다. 그런 다음 기회를 봐서 얼마나 일이 중첩되었는지 설명하는 게 수순이다. 특히 신입사원 시절에는 불합리한 지시라는 생각이 들어도 일단 "네, 알겠습니다"라고 대답하라. 시키는 건 다 한다는 각오로 임해야 한다. 회사라는 '조직'에 몸담고 있는 이상, 위에서 지시하는 일은 성실한 태도로 수행하는 것이 1차 의무다. 본인의 위치와 의무를 정확히 파악하고, 최선을 다해 성실한 태도로 임하는 사원을 신뢰하지 않을 상사는 없다.

　시키는 건 다한다는 각오는 '충성'이라는 키워드와도 맥이 닿아 있다. 담당자들이 프리랜서에게 바라는 여러 가지 덕목 중 하나가 '충성'이다. 충성도는 회사와 직원 사이에서만 쓰는 말이 아니다. 함께 일하기로 한 이상 프리랜서에게도 충성심이 필요하다. 프리랜서에게 바라는 충성에는 다양한 것이 포함된다. 동종업체와 거래하지 말 것, 회사에서 습득한 비밀을 누설하지 말 것, 외부에서 회사에 대해 좋은 평가를 해줄 것 등. 프리랜서는 조직이라는 틀의 제약을 받지는 않지만, 함께 일할 때는 파트너십을 갖고 최대한 그 회사에 누가 되지 않도록 관리를 잘해야 한다.

　담당자가 따로 부탁하지 않더라도 내가 일하면서 지키는 몇 가지 수칙이 있다. 결과물이 나올 때까지 내가 하는 일에 대해 함구하고, 똑같은 사안을 다른 매체에 싣지 않는다는 철칙이다. 또 하나는 보수를 조금 더 준다고 해도 비슷한 업체로 옮겨가지 않는 것이다.

　큰 건이 있을 때 충성도가 표날 것 같지만, 사실은 그렇지 않다. 작은 일에도 성의를 표할 때 상대가 신뢰하게 된다. 내가 몹시 바빠서 시간을 뺄 수 없을 때라도, 오래 일을 해온 업체를 도와야 할 형편이라면 작은 일이라도 만사 제쳐놓고 나서야 한다. 큰일이야 말할 것도 없지만.

　내가 오랫동안 거래해온 업체가 본사에서 분리해 자회사로 출발하게 됐다. 새로 인원을 보충해 진용을 갖췄지만, 일이 손에 익지 않은 신규 인력이 많아 기존의 일을 다 처리할 수 없었다. 당시 내게도 화급한 일이 많았지만 거의 매일 출근하다시피 하면서 그 회사에서 요청하는 일을 6개월 정도 집중적으로 처리했다. 6개월 정도 지나 회사가 어느 정도 자리를 잡았을 때도 요청이 있으면 바로 뛰어가서 일을 진행했다.

상대가 정말 필요로 할 때, 내 사정이 여의치 않더라도 성심껏 힘을 보태면 훗날까지 좋은 기억으로 남을 수 있다. 상대가 필요로 할 때 내 이익만 따지고 거절했다면 상대가 섭섭해하기 전에 내 마음이 무거운 짐으로 힘들었을 것이다. 한두 번 보고 말 사이가 아니라 업무적으로 얽힌 사이라면, 훗날을 위한 투자로 생각하고 상황에 충실하는 것이 바람직하다.

조직에 속하지 않은 프리랜서가 이럴진대, 조직구성원인 직장인들에게 '충성'은 미래를 담보하는 제1의 덕목이라 해도 과언이 아니다. 이 회사에서 자리를 잡겠다는 생각이 든다면 작은 것부터 충성하겠다는 각오를 해야 한다. 빛나는 것, 표가 나는 것에만 투자하지 말고 작은 것에 충성하는 모습을 보여주어 상사의 신임을 얻는 것이 현명하다. 나만 일이 많은 것 같고 나만 희생하는 듯한 기분이 들지도 모르지만, 상사들은 세심하게 지켜보고 있다. 당장은 손해 보는 듯해도 '충성보험'을 들어놓으면 위급한 상황에서 든든한 보장을 받을 수 있을 것이다.

최강 3단 콤보,
'실력-성격-성실'

● 　　영화를 볼 때 '팝콘-오징어-콜라' 3단 콤보를 들고 들어가지 않으면 뭔가 빠진 것 같다. 일을 맡길 때 '이런 사람에게 맡기고 싶다'는 생각이 들게끔 하는 최강 3단 콤보는 무엇일까. '실력-성격-성실'이 아닐까. 실력 있고 성격 좋고 성실한 사람이라면 누구나 안심한다. CEO나 회사의 간부를 만나 물어본 결과, 최상의 직원은 이런 사람이었다.

"상사나 조직을 있는 그대로 받아들이는 직원, 충성심이 있고 성실하고 이해심과 희생정신이 있는 직원, 보스를 확실히 모시는 직원, 진심으로 대하는 직원, 말귀 잘 알아듣는 직원이라면 더 바랄 게 없다."

CEO들은 '성격 좋고 성실한 사람이 일을 잘 배우면 실력이 생긴다'고 생각했다. 혹 처음부터 실력을 인정받아 입사했더라도, 성격이 모나고 불성실하다면 살아남기 힘들다.

전문잡지 H편집장은 기자 구하기가 쉽지 않아 늘 고생이다. 메이저급이 아니어서 실력 있는 기자들을 뽑을 수가 없다고 고충을 토로했다. 그러던 중 일 잘하는 J가 들어와서 한시름 놓게 되었다며 안도하는 모습이었다. 그런데 문제가 생겼다. J가 일은 잘하지만, 사사건건 다른 기자들과 충돌해 견디다 못한 다른 기자들이 자꾸 회사를 그만두었던 것이다. J가 일을 잘하기 때문에 참는다던 편집장도 결국은 J를 내보내고 말았다. 제아무리 실력이 좋아도 성격이 원만하지 못하면 결국 버틸 수 없다. 그리고 냉정하게 이야기하면 성격이 원만하지 못한 것도 결국 조직생활을 제대로 할 능력이 없다는 뜻이다. 유능해서 초기에 눈에 띈다 하더라도 남들과 어울리지 못하면 결국 퇴출되고, 소문은 업계로 퍼져 나간다.

물론 동료들과 마찰 없이 지내는 게 쉬운 일은 아니다. 동료들과도 그러하니, 상사들과 유연하게 지내는 건 더더욱 쉽지 않은 일이다. 그러나 상사들은 하나같이 부하들과 격의 없이 친해지고 싶어 한다. 성격 좋게, 센스 있게 먼저 다가오는 부하라면 언제든 환영이라는 것이다. 이때 '센스 있게'라는 말에 유의해야 한다. 너무 친해져서 시도 때도 없이 '들이대면' 곤란하다는 뜻이다. 예를 들어 상사에게 지적하고 싶은 사항이 있을 때는 공개석상에서 하지 말고 메일을 이용하는 '센스'를 발휘해야 한다. 부하직원들과 격의 없이 지내는 L상무는 "상사도 훈련시키기 나름이다. 합리적으로 어필하면 받아들인다"고 말했다. 상사와도 원만하게 지낼 수 있는 성격을 갖춘 직원이 일까지 열심히 한다면, 상사 입장에서는 그보다 예쁜 부하가 없을 것이다.

그렇다면 프리랜서는 실력과 성격, 성실성 중에서 어떤 것이 우선일까. 여러 가지 요소를 고려해 채용하는 정식 직원이 아니라, 필요할 때마다 계약하는 프리랜서이니 아무래도 실력이 우선이지 않을까? 국립극장에서 기획을 하는 Y는 "창작하는 사람들 중에는 성격이 날카로운 사람들이 있다. 그렇지만 예민하더라도 좋은 작품을 만들어내는 사람을 선호한다. 성격이 좋아도 작품이 엉망인 사람은 원하지 않는다"고 했다. 결국 하나의 프로젝트를 끝낼 때까지 인내하지 못하고 폭발하지만 않는다면, 프리랜서는 일을 잘하는 쪽이 우선인 셈이다. 하지만 이것은 단발성 프로젝트일 경우의 이야기지, 함께 오래 작업해야 할 때는 성격이 매우 중요하다.

모 방송사 분장실의 '넘버 투'인 친구는 아래로 60명 정도를 거느리고 있다. 그중 3분의 2는 계약직이라는데, 정규직 자리가 생기면 그들 중에서 뽑는다고 했다. 어떤 사람을 뽑느냐고 묻자 "실력은 '도긴개긴'이다. 중요한 건 마음가짐과 태도다. 무슨 일을 하든 자기 집안일처럼 하고, 사람들을 친절하고 편안하게 대할 줄 알아야 한다"고 했다. 잠깐 함께 일할 사람이라면 모르지만, '내 사람이다'라는 마음으로 함께 오래 일할 사람이라면 성격이 좋은 게 우선이라는 이야기다.

디자인부터 인쇄까지 부부가 원스톱으로 처리하는 기획사의 B대표. 아내와 둘이 운영하니 대표라는 말이 민망하다고 했다. 10년 동안 카탈로그와 브로슈어, 로고 제작 등을 주로 해왔는데, 주변에 큰 기획사가 많지만 부부기획사는 일이 끊이지 않는다.

"아내 디자인 솜씨가 좋기도 하지만 괜히 욕심 부려서 이것저것 확장하지 않고, 딱 우리가 잘할 수 있는 것만 한다. 일이 들어오면 시안을 보통 세 개 만들어 간다. 우리가 보기에 괜찮은 디자인이 있는데도 클라이언트가 다른 걸 고르는 경우가 있다. 우리가 예쁘다고 생각하는 건 결국 우리 느낌이다. 우리 마음에 들지 않는 시안이어도 클라이언트가 좋다고 하면 우리 주장을 하지 않고 클라이언트의 요구를 100% 반영하되, 최대한 이상하지 않게 만들어서 납품한다. 며칠을 걸려 정성스레 만든 시안과 1시간 만에 후딱 만든 시안을 갖고 갔을 때 클라이언트가 1시간짜리를 고르면 참 애석하다. 그래도 아무 말 하지 않고 최대한 좋게 완성해서 갖다 준다."

B는 클라이언트의 말을 100% 수용하는 것이 영업방침이라고 말했다. 시안을 여러 개 만들어가야 성의 있다고 생각하는 담당자가 있는가 하면 딱 하나에 노력을 다 쏟아달라고 말하는 담당자도 있다고 한다. 그 어떤 경우에든 담당자의 말을 100% 반영했고, 그것이 지금까지 사업을 이어온 비결이라고 한다.

"인쇄업이 어렵다고들 하는데 크게 확장하지 않고, 쓸데없는 데 투자하지 않고, 사람 많이 안 쓰면 된다. 일이 많으면 아내와 둘이 밤새우면서 일한다. 나이 들면서 밤새우기 힘들어서, 일이 넘칠 때는 클라이언트들에게 다른 곳으로 가라고 유도해도 이제는 담당자들이 언제 가능하냐며 기다려준다."

이에 덧붙여 B는 자신들의 주무기는 서글서글한 성격이라며, 담당자와 인간적으로도 친해져서 가족사까지도 터놓는 사이가 되는 경우가 많다고 했다.

 실력 있고, 성격도 좋고, 성실하기까지 하면 그 이상 좋은 조합이 없을 것이다. 치열한 경쟁이 벌어지는 프리랜서 시장에서도 '실력-성격-성실' 3단 콤보를 장착하면 감히 대적할 자가 없다. 회사에서도 마찬가지일 것이다. 실력을 쌓는 일에 최선을 다하되, 원만하게 그리고 성실하게 일하는 것이 회사에서 오래 살아남는 비결이다.

PART 3

소통이 실력이다

세상을 연결하는 끈은 무한대다

COMMUNICATION

communi-
cation

인맥지수를
높여라

지금은 인식이 많이 달라졌지만, 예전에는 공부를 잘하려면 IQ가 높아야 한다는 게 일반적인 믿음이었다. 그렇다면 사회생활을 원활하게 하기 위해 가장 필요한 지수는 무엇일까? 여러 설문조사에서 1위를 차지한 것이 바로 'NQ(공존지수)'다. 다음으로 SQ(사회성지수), CQ(창조성지수), MQ(도덕성지수), IQ(지능지수), EQ(감성지수) 순이었다. NQ는 'Network Quotient'의 줄임말로, '새로운 네트워크 사회에서 남들과 더불어 잘 살 수 있는 능력'을 일컫는 말이다.

동국대 김무곤 교수가 쓴 《NQ로 살아라》에 보면 저자가 직장생활에 힘들어하는 제자에게 보낸 'NQ 높이는 법 다섯 가지'가 실려 있다. 다섯 가지는 다음과 같다.

첫째, '꺼진 불도 다시 보자.' 지금 힘없는 사람이 나중에 잘될 수 있다. 둘째, '평소에 잘해라.' 평소 공덕을 쌓으면 위기 때 빛을 발한다. 셋째, '네 밥값은 네가 내고 남의 밥값도 네가 내라.' 남이 내주는 것을 당연하게 여기지 말라. 넷째, '고마우면 고맙다고, 미안하면 미안하다고 큰소리로 말하라.' 마음으로 고맙다고 하면 남이 깨닫지 못할 수 있다. 다섯째, '남을 도와줄 때는 화끈하게 도와줘라.' 도와주는 데 조건을 달면 괜히 욕먹는다.

김 교수가 제자들에게 전한 말을 한마디로 요약하면 '무조건 남에게 잘하라'는 것이다. 남에게 잘하면 저절로 '인맥'이 형성될 수밖에 없다. 나에게 잘해주는 이를 마다할 사람이 어디 있겠는가.

직장에 다니는 사람이든 프리랜서든, 사회에서 일을 하는 사람이라면 인맥이 재산이다. 유대속담에 '친구 없는 사람은 오른손을 잃은 왼손과 같다'고 했다. 친구가 없는 사람은 외팔이 인생이다. 주변에서 서로 도움을 주고받을 수 있는 사람이 많으면, 시간이 흐를수록 내 능력이자 재산이 되어 인정받게 된다. 그러니 당장 일할 사람도 구하지 못해 애태우고, 계속 파트너가 바뀌는 사람은 무능력한 사람으로 의심받는다.

한번 인연을 맺은 담당자와 프리랜서는 파트너가 되어 함께 가는 경우가 많다. 유명한 MC들은 대개 함께 일하는 작가들이 있다. 유명 MC가 자리를 옮기면 보통 작가도 같이 이동한다. 드라마 PD들도 선호하는 작가와 늘 작품을 같이 한다. 오래 같이 일하는 건 취향이 비슷해 작품을 해석하는 데 별반 이견이 없기 때문이다. 또 긴 시간 함께 호흡할 수 있는 건 서로가 성숙한 인격을 갖고 있고 사회적 약속을 잘 지킨다는 의미다.

인맥으로 새롭게 부각되고 있는 사람이라면 개그맨 오종철 씨를 꼽을 수 있다. SBS〈좋은 아침〉의 코너 '생방송 연예특급'에서 13년째 붙박이 리포터로 활동 중인 오종철 씨는 다양한 인맥을 바탕으로 새로운 인생을 개척하고 있다. 오종철 씨는 2008년 2월 EBS 라디오〈대한민국 성공시대〉를 맡기 전까지 연예인 외에는 아는 사람이 없었다고 한다. 하지만 이 프로그램을 3년간 진행하면서 출연자였던 기업인, 교수, 저자, 강사 등과 친해지면서 엄청난 인맥을 쌓게 되었다.

2011년 2월, 프로그램을 하차하면서 그는 '오종철의 톡쇼'라는 프로그램을 기획했다. 기업에서 외부 강사를 초청해 강의를 듣는 경우가 많은데, 오종철 씨는 기업 측과 협의해 공연과 강의를 동시에 진행했다. 강사와 청중이 처음 만나면 어색한 분위기가 흐르기 마련인데, 전문 MC인 오종철 씨가 청중의 마음을 미리 열고, 공연팀이 공연을 해 분위기가 무르익었을 때 강사가 나서는 것이다. 강의가 끝난 뒤에는 마무리 공연이 이어져 직원들은 강의와 공연을 동시에 즐길 수 있다. 이러한 기획이 가능했던 것은 공연 멤버부터 강사까지 충분한 인맥을 확보하고 있었던 덕분이다.

광화문 올레스퀘어에서 인기리에 진행되는 '드림스테이지' 역시 오종철 씨가 기획한 것이다. 어느 날 오종철 씨는 KT 광화문지사 1층에서 너무도 훌륭한 공연장을 발견했다. 텅 비어 있는 공연장을 보고 그곳에서 멋진 쇼를 하면 어떨까 하는 생각이 들어 담당자를 만났고, 공연장을 두 번 빌려주겠다는 약속을 받아냈다.

첫 번째 공연의 강연자로 오종철 씨가 점찍어둔 사람은《아프니까 청춘이다》의 저자 서울대 김난도 교수였다. 그러나 《아프니까 청춘이다》가 밀리언셀러가 되면서 김난도 교수를 초청하기 쉽지 않은 상황이었다. 게다가 따로 출연료를 줄 수도 없는 형편이었다. 김난도 교수에게 취지를 설명하고, 출연료가 없다는 말까지 했는데 뜻밖에도 흔쾌히 출연을 약속해주었다. 알고 봤더니 어느 날 라디오를 들은 김 교수의 어머니께서 아들에게 이런 얘기를 했다고 한다. "오종철인가 하는 개그맨이 네 책 이야기를 방송에서 하던데, 얼마나 진심을 다해 소개를 잘하던지 너무 고맙더라. 그 사람이 혹시 무슨 부탁을 하거든 들어줘라."

오종철 씨는 그 이야기를 듣고, 직접 대면하지 않은 분들에게도 진심을 전할 정도로 매사에 최선을 다해야 한다는 것을 깨달았다고 한다. 두 번의 공연이 성공리에 끝나자 KT에서는 공연장을 계속 사용할 수 있도록 배려해주었고, 드림스테이지는 매월 이어지고 있다.

오종철 씨는 3년간 라디오 프로그램을 진행하면서 쌓은 노하우로 톡쇼 프로그램을 기획하고, 충분한 인맥을 바탕으로 강사를 섭외하고, 원래 특기를 살려 프로그램을 진행하는 1인 3역을 하고 있다. 또한 〈대한민국 성공시대〉의 청취자들이 주축이 된 그의 팬클럽 '리액터스'가 오종철 씨 쇼라면 어디든 함께해 관객 동원도 가능해지면서, 네 마리 토끼를 동시에 잡고 있다. 오종철 씨는 앞으로 대한민국 100대 기업에서 자신의 프로그램을 가동시키겠다며, 인맥을 바탕으로 사업영역을 무한대로 넓혀갈 것이라는 포부를 밝혔다.

나만의 노하우로 인맥지수를 높여야 한다. 직장에서든, 직장 밖에서든 인맥을 넓힐 수 있는 자신만의 비법을 찾아보자. 직장 내 인맥을 넓히기 위해 가장 중요한 것은 신뢰감이다. 믿을 만한 사람이라는 확신을 주는 것이 중요하다. 직장에서의 신뢰감은 결국 실력이 바탕이 되어야 한다. 직장은 친목단체가 아니기 때문에, 업무처리능력이 떨어지면 관계가 모호해지고 만다. '저 사람이 내 일을 잘 도와줄 것이다' '저 사람은 나를 키워줄 능력이 있다'는 것이 바탕에 깔려야만 인맥으로 뭉칠 수 있다. 인맥과 신뢰감과 실력의 함수관계를 잊지 말아야 한다.

그런가 하면 직장인들은 '새로운 사람을 접할 기회가 적다'는 고충을 토로한다. 업무와 관계된 사람을 반복적으로 만날 뿐 인맥을 넓힐 기회가 없다는 것이다. 실제로 대기업을 퇴직한 후 만날 사람이 없어 등산만 다닌다는 사람들이 있다. 주로 회사 내부 일만 하는 사람이라면 의도적으로 노력해서라도 외부와의 연결고리를 만들어야 한다. 자신만 노력하면 그 길은 얼마든지 열려 있다.

익숙한 사람, 업무와 관계된 사람만 만나려는 습성을 바꿔야 한다. 스타벅스 회장 하워드 슐츠는 매일 점심을 다른 사람과 먹었다고 한다. 새로운 사람을 만나 새로운 얘기를 듣기 위해서였다. 직장인은 신원이 확실하기 때문에 마음만 먹는다면 누구든 만날 수 있다. 그 기회를 놓치지 말고, 현직에 있을 때 다양한 사람을 만나라. 그게 나중에 엄청난 재산이 된다. 세상을 연결하는 끈은 무한대다. 탄탄한 인맥은 새로운 길을 열어준다.

하지만 앞서도 이야기했듯 인맥은 '나도 너에게 줄 게 있다'는 것이

전제되어야 탄탄하게 맺어진다. 여기저기 얽히고 설킨 사람은 많지만 필요한 시점에 호출받지 못하는 건 상대가 '너한테 얻을 게 없다'는 생각을 하기 때문이다. 확고한 실력을 바탕으로 인맥을 형성하되, 나도 상대의 필요를 채워줘야 한다. 실력과 인맥이 합쳐지면 '무적최강'이 된다.

프리랜서가 인정하는
클라이언트가 돼라

● 　　일할 사람이 널려 있는 것 같아도, 꼭 필요할 때 유능한 사람을 구하는 것은 힘든 일이다. 그래서 담당자들의 능력에는 '얼마나 유능한 프리랜서를 보유하고 있는가?' 하는 것도 포함된다. 일을 맡겨야 하는데 마땅한 사람이 없어 허둥대면 '인맥관리 못하는 사람'이라는 걸 주변에 광고하는 일이다.

　아웃소싱 담당자들은 외부 사람을 많이 기용하면서 나름의 블랙리스트를 갖고 있다. 한 번 일을 해보면 평가가 바로 나오기 때문이다. 그런데 블랙리스트는 담당자만 갖고 있는 것이 아니다. 어느 정도 일을 가려서 할 정도가 되는 프리랜서들도 블랙리스트를 갖고 있다. 내가 작성한 블랙리스트 1순위는 '내가 일을 주니 고마운 줄 알라'는 뉘앙스를 풍기는 사람이다. 서로 도우며 일을 완성한다는 의식보다는 마치 군림하는 듯한 태도를 보이는 담당자는 누구에게도 환영받지 못한다. 반대로 실세인 담당자가 함께 일을 진행하는 사람들과 원활히 소통하려 애쓴다면 좋은 평가를 받게 될 것이다.

프리랜서 초창기 때의 일인데, 잘 모르는 사람이 전화해 다짜고짜 "스무 명의 일반인에게 교통에 관한 의견을 묻는 건데 한 사람당 원고지 한 장"이라는 게 아닌가. 원고지 스무 장을 쓰기 위해 스무 명을 만나야 하는, 발품을 많이 팔아야 하는 번거로운 일이었다. 그런데 이 경우에는 일이 문제가 아니라, 그 담당자의 태도가 문제였다. 일단 "나는 누구고 당신 연락처는 이렇게 알았다. 손이 좀 많이 가는 일인데 도와줄 수 있겠냐"로 말을 시작하는 것이 맞다. 그런데 거두절미하고 "할래, 말래"를 물었다. 목소리에서 "잘 모르는 너한테 연락한 걸 고마운 줄 알아"라는 게 확 전해졌다. 그때만 해도 막 프리랜서로 나섰던 시기라 "묻지도 따지지도 말고 일하라"는 충고를 많이 들었지만, 나를 소모품으로 생각한다는 느낌이 들어 제의를 받아들이기가 힘들었다. 좀 어렵겠다고 말하자 "알았다"며 단박에 끊어버렸다. 나중에 알아봤더니 늘 그런 식이어서 사람을 못 구해 애를 먹는 사람이라고 했다.

요즘도 심심찮게 앳된 목소리의 주인공들로부터 그런 전화를 받는다. 잘 알려진 대기업에서도 이런 전화가 다반사로 걸려온다. 아마도 그 회사 사보를 대행하는 기획사의 직원일 가능성이 크다. 일을 맡길 때 주의를 단단히 주든지, 아니면 기획사에서 고객사 이미지가 나빠지지 않도록 훈련을 시켜야 한다.

다짜고짜 전화를 걸어 "○○ 회사 ○○ 과 ○○ 씨의 인터뷰를 해달라"고 하는 사람도 있었다. 그냥 안 하겠다고 하면 그만이지만, 안쓰러운 마음에 그 친구에게 내 이름을 어떻게 알았느냐고 물어보았다. 인터넷에 '자유기고가'라고 쳐서 찾았고, 여기저기 수소문해 전화번호를 알았다고 했다. "전화해준 건 고마운데, 원고를 맡길 때는 우선 당신과 당신이 근무하는 매체의 성격을 소개하고, 일을 할 수 있는지 여부를 물어야 하는 거 아니냐. 무엇보다도 필자의 성향과 경력을 알고 그에 맞는 일을 맡겨야 하지 않느냐"고 말했다. 어느 정도 경력이 쌓인 프리랜서 가운데는 단순 취재기사를 쓰지 않는 사람들이 많기 때문이다. 나 역시 초창기에만 여성잡지와 사보 일을 했을 뿐 오래 전부터 객원기자거나 편집위원으로 몸담고 있는 매체에만 취재기사를 쓰고 있다.

가끔 내게 필자를 추천해달라며 전화하는 담당자들이 있는데, 그때 그때 임기응변식으로 사람을 구할 것이 아니라 다양한 분야의 필자를 찾아 자신만의 리스트를 보유할 필요가 있다. 이때 자신의 직위에 편승해 편하게 찾으려 하기보다 노력을 기울여 인맥을 형성하면 업무 자산이 된다.

요즘 회사마다 아웃소싱이 많아지면서 외부와 소통을 맡고 있는 담당자들은 슈퍼바이저 역할을 하고 있다. 각 파트 담당자들에게 지시하고 보고받으면서 일을 컨트롤하는 것이다. 예전에는 사보나 사외보를 회사 내에서 만들면서 프리랜서를 기용하는 경우가 많았다. 하지만 요즘은 아예 제작 전체를 외부에 맡기고 담당자가 체크만 하는 경우가 대부분이다. 그렇기 때문에 자칫 일은 안 하면서 간섭만 하는 것으로 비칠 수 있다. 현장에서 "입만 살아서 계속 뒤집기만 한다. 대체 하는 일이 뭐냐"는 불평이 터져 나오기도 한다.

물론 담당자도 회사의 결정에 따라야 하는 고충이 있다. 그렇다 하더라도 만약 외부와 내부의 의견이 충돌한다면, 무작정 내부 의견만 따를 게 아니라 합리적으로 두 의견을 취합해 최적의 결론을 도출해내야 한다. 중간에서 원활한 소통을 도모하는 것이야말로 담당자의 중요한 능력 중 하나다. 일을 발주한 사람, 즉 '갑'이라는 우월한 위치를 남용해 앞뒤 꽉 막힌 듯 행동하는 것은 가장 경계해야 할 태도다. 높은 위치에 있는 사람이 '계급장 떼고' 소통하면 원군이 얼마든지 생길 것이다.

전문가 집단에 일을 맡긴 담당자가 몇 번씩 일을 다시 시키는 경우도 있다. 모 단체의 잡지 진행을 맡고 있는 후배가 "잡지에 대해 전혀 모르는 담당자가 사소한 걸로 트집을 잡아 답답하다. 오히려 그쪽에서 요구하는 대로 하면 질이 낮아진다. 처음에는 항의도 하고 건의도 했는데, 이젠 해달라는 대로 해준다. 그쪽이 갑인데 어쩌겠나"라고 한탄을 늘어놓았다.

전문가 그룹에 일을 맡길 때는 더욱 담당자의 실력이 요구된다. 외부 인사 가운데는 단순한 일을 하는 사람도 있지만, 그야말로 한 분야에서 손꼽히는 실력자도 있다. 그러므로 담당자들은 전체를 보고 판세를 장악하는 슈퍼바이저로서의 역할을 충분히 할 수 있어야 한다.

맡은 분야를 완벽히 장악하지 못하는 것은 담당자로서 함량 미달이다. 회사에서 여러 가지 일을 맡기는 바람에 한쪽에 집중할 수 없어서 그런 면도 있겠지만, 그렇다 하더라도 일을 시키는 갑의 입장일 때는 을보다 한 수 위여야 한다. 을의 세부적인 능력은 따라가지 못한다 하더라도, 을이 한 일을 판단할 수 있는 정확히 기준을 갖고 있어야 한다.

기획력과 추진력이 뛰어난 담당자와 일하면 프리랜서들도 신이 난다. 함께 협력해 좋은 성과를 낼 수 있기 때문이다. 실력 있는 담당자를 만났을 때 프리랜서들도 신뢰하고 안심하게 된다. 실무 담당자가 일을 완전히 장악하지 못하면 언제든 일이 뒤집힐 가능성이 있어 불안하기 때문이다. 실제로 일을 하다가 담당자의 기준을 신뢰할 수 없어 일을 그만둔 프리랜서들도 있다. 그렇게 되면 그 담당자도 여러모로 타격을 입게 된다. 실력 있는 직원이야말로 다시 만나고 싶은 클라이언트다.

그 사람의 경력을 파악하고 실력을 인정해주는 클라이언트, 어느 자리에서 가장 큰 능력을 발휘할 수 있을지 알아주는 클라이언트가 되어야 한다. 자신의 실력과 진가를 알아주는 유능한 담당자와 일하고 싶은 것이 인지상정이다. 갑이라는 우월한 위치를 남용하지 않고 진정으로 소통하려는 마음을 가진 클라이언트라면 더할 나위 없을 것이다. 프로젝트를 함께 진행하는 사람들이 힘들지 않도록 회사와 조율하는 능력을 가진 클라이언트, 정확한 판단을 내려 최선의 결과를 도출할 수 있는 클라이언트가 된다면 프리랜서가 다시 만나고 싶은 클라이언트 1순위로 꼽힐 수 있을 것이다.

제아무리 블랙리스트를 작성해도 상대가 아랑곳하지 않는다면 허망

한 일이다. '저 사람한테 잘못 보이면 내가 필요할 때 못 부른다' '괜히 성질 건드렸다가 일이 제대로 안 나오면 나만 손해다'라며 상대를 긴장시키는 사람이 돼라. 두루두루 원만하게 지내되, '나만이 갖출 수 있는 실력'이 있으면 상대가 나의 블랙리스트를 두려워할 것이다.

소통의 뿌리는
책임감

● 　　프리랜서들은 주로 1인 기업가로 활동하지만, 일의 규모가 커지면 여럿이 모여 공동작업을 하기도 한다. 그럴 경우 대개 일을 수주한 사람이 그 프로젝트의 대표가 되어 작업을 진행한다. 그런가 하면 회사 간판을 걸어놓고 혼자 활동하다가 큰일을 맡으면 팀을 구성해 일을 진행하는 사람도 있다. P가 그런 경우다. P는 프리랜서로 활동하다가 필요할 때만 기획사를 운영하는 스타일로 일을 진행한다. 자신이 기획안을 만들어서 일을 수주하고, 일이 성사되면 TF팀을 구성했다가 프로젝트가 끝나면 팀을 해산하는 식이다. 공연, 세일즈 프로모션, 홍보가 P의 전문분야로, 쇼핑몰이나 공연장 오픈, 신차 프로모션 등을 맡아 꾸준히 일하고 있다.

　옆에서 지켜본 결과, P야말로 '책임감 있는 소통'이 무엇인지 명확히 알고 실천하는 사람 중 하나다. 그의 이야기를 듣다 보면 책임감이 소통에서 얼마나 중요한 역할을 차지하는지 알 수 있을 것이다.

P는 원래 광고회사 AE로 사회생활을 시작했다. 자신이 제안해 회사에 이벤트팀을 만들었는데, 그 팀이 실적을 올리면서 실력을 인정받아 팀장으로 고속 승진했다. P는 연이어 이벤트가 성공하자 자신감을 얻고 퇴사해 회사를 차렸다. 근무한 지 2년 만의 일이었다. 하지만 1년 만에 보기 좋게 실패하고 빚만 남았다.

"겨우 2년 경력을 너무 과대평가했기 때문이다. 일단 밥벌이를 해야하니 방송작가로 일하면서 계속 이벤트 일을 맡았다. 10년 정도 노하우를 쌓자 실수가 적어졌다. 혹 실수가 생겼을 경우에는 클라이언트가 알아차리기 전에 문제를 해결하는 능력이 생겼다."

10년이 지난 후 P는 본격적으로 프로모션 일을 시작했다. 준비가 되었다고 스스로 판단했기 때문이다. 그때부터 그는 자신이 세운 철칙을 철저히 지켰다. P가 지킨 첫 번째 철칙은 '어떤 경우에도 큰소리 내지 않는다'는 것이고, 두 번째 철칙은 '내 사람들은 끝까지 챙긴다'는 것이다.

그는 일을 진행하는 도중 "회장님 방침이 바뀌었어요"라는 한마디에 모든 게 수포로 돌아갈 때도 표정관리를 할 정도로 철저해야 한다고 말했다. "갑인 회사에서 일이 무산되었다고 할 때도 화를 내지 않지만, 내가 이끌고 있는 TF팀이 잘못했을 때도 화를 내지 않는다." 회사에서 잘못했을 때 화를 내지 않다가, 팀원들이 실수했을 때 화를 내는 것은 공정하지 않은 행동이라는 것. 자신이 책임지고 이끌고 있는 팀이라면 화를 낼 것이 아니라, 왜 그런 문제가 생겼는지 보고받고 해결하면 된다는 이야기다. 책임감은 비상상황에서 더 빛을 발한다며,

팀원들과 진정으로 소통하고자 하는 의지만 있다면 문제는 자연스럽게 해결된다고 강조했다. 문제가 커져 아예 일이 틀어졌을 때도 책임감을 가지자는 것이 자신의 철칙이라고 했다.

"만약 회사에서 일방적으로 계약을 해지하면, 나는 돈을 못 받지만 그때까지 함께 고생하며 준비한 TF팀원들에게는 수당을 챙겨줘야 한다. 속이 쓰리지만 다음 일을 위한 준비다." 만약 그렇지 않으면 다음 프로젝트 때 팀을 구성하기 힘들어지기 때문이다. 능력 있는 사람들과 팀을 꾸리려면 평소 관리를 잘해야 한다는 뜻이다.

P가 20년 넘게 TF팀을 운영해온 비결은 일 중심이 아니라 '사람 중심'의 관리라고 정리할 수 있다. 일을 매끄럽게 처리하는 능력이 1순위지만, 그러기 위해서는 능력 있는 사람들과 함께 일해야 하니 사람을 동원하는 능력이 0순위라는 이야기다. 그리고 그 동원력은 '책임감'을 바탕으로 한 소통에서 나온다.

"한 번은 VIP 의전을 맡은 행사도우미가 30분이나 지각을 하는 바람에 5억 원짜리 론칭 행사가 무산된 적이 있었다. 하지만 행사도우미를 문책하지 않았다. 그땐 정말 아찔했지만 내일을 생각했다. 그런 대범함을 보고 다음 TF팀 구성 때 모두들 동참했다. 또 한 번은 BMW 5시리즈 프로모션을 할 때 팀원이 차를 끌고 나오다가 실수로 적치물과 충돌한 일이 있었다. 멀리서도 운전하는 팀원이 놀라서 얼굴이 새하얘진 것이 보일 정도였다. 얼굴을 들지 못하는 팀원에게 우선 다치지 않았는지 물었다. 보험이 안 되는 차여서 당시에 수리비로 1,000만 원이 나왔지만, 그 팀원에게는 책임을 물리지 않고 내가 다 냈다. 솔직히 속이 쓰렸지만 어쩌겠는가."

사고를 낸 스태프를 다시 기용하지는 않았으나, 다른 사람들은 책임감을 발휘해 팀원의 사고를 수습해준 P를 신뢰하게 되었다. 모두 P와 다시 일하길 원한 것은 당연지사일 터. P는 보수를 정확히 챙겨주고, 책임감을 바탕으로 한 카리스마로 소통해야 사람들이 따른다고 했다.

P는 TF팀을 구성할 때는 목적이 분명해야 한다고 말했다. 그리고 일정이 정해져 있기 때문에 특공대 정신으로 치고나가는 기동력이 중요하다고 했다. 이를 바탕으로 TF팀을 꾸리고 운영하며 얻은 P의 노하우 다섯 가지를 공개한다. 작은 기획사 대표로서 자신이 중심이 되어 빠른 시간 내에 강력하게 일을 처리하는 P의 노하우는 회사 내 구성원들로 조직된 TF팀과 좀 다를 수 있다. 당신이 속한 조직과의 차이점을 감안하고 들으면 될 것 같다.

첫째, TF팀은 팀장이 중심이다. 고민은 팀장이 하고 팀원은 실행한다. 팀원이 고민하기 시작하면 진행이 안 된다. 대신 팀장은 책임감을 갖고 팀원들과 소통하며 일을 지시해야 한다.

둘째, 피드백이 빨라야 한다. 무슨 지시를 내리든 5분 안에 해답을 제시하는 스피드를 지닌 사람을 선택하라.

셋째, 실력이 좀 없어도 죽으라면 죽는 시늉까지 하는 사람을 뽑는다. 리더 말을 100% 따르는 사람이 최고다.

넷째, 모두 다 잘하는 사람은 없음을 명심하라.

다섯째, 5명 정도로 팀을 구성한다면 반드시 소통에 능한 사람을 한 명 끼워야 한다. 그래야 팀원끼리 싸우지 않으며, 일이 매끄럽게 진행된다. 아무래도 이 역할은 여성이 잘한다.

P는 전율스러운 감동을 주면 작은 실수는 묻힌다며 클라이언트가 계속 찾는 사람이 되는 길은 열심히 하는 것밖에 없다고 말한다. 나만의 독창적인 작품, 누가 뭐래도 최고라는 자신감, 지혜와 겸손함, 그리고 무엇보다 책임감을 바탕으로 한 소통의 리더십이 자신이 오랫동안 회사를 이끌어온 비결이라고 자평했다. 철저하게 지키는 이 덕목 덕분에, 원할 때 달려와주는 사람이 가득한 P의 회사는 앞으로도 승승장구할 것이다.

P의 이야기에서 알 수 있듯, 소통은 '내가 내 말에 책임을 진다'는 것을 전제로 한다. 그리고 그럴 때 진심어린 소통이 가능하다. 비단 프리랜서만이 아니라 직장인에게도 적용되는 이야기다. 직장에서도 자신의 직책과 업무에 맞는 책임감을 바탕으로 소통한다면 더 좋은 결과를 이끌어낼 수 있지 않을까.

배워라,
누구에게든 배워라

● 　　멘토는 프리랜서에게 꼭 필요한 존재다. 혼자 달리다 보면 뭐라 하는 사람이 없으니, 어느 정도 실력이 쌓이다 보면 자만하게 된다. 그렇기 때문에 멘토를 만나 점검을 받는 게 중요하다.

그런가 하면 한 온라인 취업포털의 설문조사 결과 직장인의 96%가 멘토가 필요하다고 답했다고 한다. 직장인들은 업무 전반에 어려움을 느낄 때, 회사 생활에 대한 조언을 듣고 싶을 때, 스트레스가 쌓일 때, 의지할 사람이 필요할 때, 확실한 인맥이 필요할 때 순으로 멘토를 원한다고 응답했다. 멘토로부터 배우고 싶은 것으로는 업무 관련 전문 지식, 풍부한 경험, 커뮤니케이션 능력, 뛰어난 자기관리 능력, 인맥관리 능력 등을 꼽았다.

멘토mentor라는 말은 그리스 신화에서 비롯되었다. 고대 그리스 이타이카 왕국의 왕인 오디세우스가 트로이 전쟁을 떠나며 아들인 텔레마

코스를 한 친구에게 맡겼는데, 그 친구의 이름이 바로 멘토였다. 멘토는 오딧세이가 전쟁에서 돌아올 때까지 텔레마코스의 친구이자 선생님, 상담자, 때로는 아버지가 되어 그를 돌보아주었다. 그 후로 멘토라는 이름은 지혜와 신뢰로 한 사람의 인생을 이끌어주는 지도자라는 의미로 사용되고 있다.

유명 소설가가 개인 사정이 생겨 홀로 미국으로 떠나면서 저명한 국악인에게 아들의 멘토가 되어달라고 부탁한 일이 있었다. 그 국악인은 초등학생이었던 소설가의 아들에게 정기적으로 편지를 보냈고, 그 학생은 아버지 대신 편지를 보내주는 그를 의지하게 되었다. 그 아들은 잘 자라서 그의 제자가 되었고, 지금은 자신도 국악인으로 활동하고 있다. 소설가는 국악인의 출판기념회에서 자신의 아들을 잘 돌봐주어 고맙다고 감사를 표하기도 했다. 이처럼 소통하며 삶의 지혜를 전수해주는 멘토는 한 사람의 일생을 바꿀 수 있는 중요한 인물이다.

지난 20년 동안 별별 사람을 다 만났고, 많은 회사를 드나들었다. 어떤 사람은 너무 훌륭해서 배울 점이 많으니 멘토고, 건방진 어떤 사람은 절대 교만하면 안 되겠다는 교훈을 주니 그 또한 멘토다. 멘토는 실제로 만날 수 있는 사람을 선택하는 것도 좋지만, 만나지 못하더라도 따르고 싶은 사람이면 멘토로 삼을 수 있다. 상대가 모르더라도 내가 본받고 싶은 사람이라면 충분하다.

나는 잘 모르는 분야의 일을 맡으면 호기심이 생긴다. 새로운 분야를 공부할 수 있기 때문이다. 피터 드러커는 3년 또는 4년마다 다른 주제를 선택해 통계학, 중세역사, 일본 미술, 경제학 등 매우 다양한 분야를 공부했다. 3년 정도 공부한다고 해서 그 분야를 완전히 터득할 수는 없지만, 어떤 것인지 이해하는 정도는 충분히 가능하다는 것이다. 피터 드러커는 60여 년 동안 그런 식으로 다양한 공부를 했고, 그것이 글을 쓰고 기업 컨설팅을 하는 데 큰 도움을 주었다고 한다. 이러한 면에서 피터 드러커는 나의 멘토다.

오래전 한의학 시리즈물을 맡아 취재한 적이 있다. 나는 3~4년씩 공부하지는 않지만, 흥미가 있는 분야를 취재하게 되면 일단 관련 책을 10권 이상 찾아 읽고, 관심 있는 사람이 있으면 관련 기사와 저서를 읽고 샅샅이 파악한다. 그럼에도 불구하고 과학과 의학 분야는 상당히 전문적이어서 글을 쓰기가 쉽지 않다. 그나마 한의학은 양의학보다 쉬울 것 같은 느낌이 들어 맡겠다고 했다가 정말 고생했다. 한의학을 분야별로 취재했는데, 《동의보감》 원전을 줄줄 읊으면서 말하는 교수님들의 얘기를 들으면 그야말로 '딴 세상 이야기'였다. 녹음을 해서 이해가 안 되는 부분을 체크했다가, 대학원생 조교에게 따로 '과외'를 받으며 기사를 작성했다.

이 경우는 멘토와 조금 다른 케이스이긴 한데, 일을 하면서 누군가에게 배울 수 있다면 그것만큼 좋은 기회는 없다. 누구한테든 배운다는 자세로 임하는 게 중요하다. 괜히 경력 따지고, 체면 차리다가 결과물이 나쁘면 어떻게 할 텐가. 프리랜서는 그런 면에서 유리하다. 직책이 없으니 늘 평사원 같은 마음가짐으로 일할 수 있기 때문이다. 한 수 가르쳐달라고 겸손하게 부탁하면 누구든 친절하게 응해준다. 직장인도 마음가짐만은 늘 평사원처럼, 모르는 것이 있으면 언제든 배운다는 마인드를 가져야 한다.

　직장에서 가장 좋은 멘토는 누구일까. 사실 갓 입사했을 때 바로 위의 상사가 멘토가 되면 그 이상 좋을 수가 없다. 현장의 고충을 잘 이해해주고, 바로 응용이 가능한 노하우를 전수받을 수 있기 때문이다. 프리랜서로 일할 때도 비슷한 계통의, 나보다 조금 더 경력을 쌓은 사람을 찾으면 도움을 많이 받을 수 있다. 얼마 전 그 자리를 지나쳐왔기 때문에 그 사정을 잘 알고 있기 마련이다.

　하지만 대개의 경우 바로 윗사람의 권위를 만만하게 보는 경향이 있다. 예를 들어 대리는 과장을 우습게 본다. 훨씬 높은 직급의 권위에 대해서는 순종하면서 바로 윗 직급의 지시에는 선뜻 내켜하지 않는 것이다. 학교에서 바로 윗 학번과는 안 친하고 대개 짝수 학번끼리, 홀수 학번끼리 친한데, 이와 비슷한 심리이지 않을까? 바로 위에서 바로 아래를 볼 때는 건방진 것 같고, 바로 아래에서 바로 위를 볼 때는 대단하지도 않은데 권위적으로 보여 그런 것이다.

　그러나 바로 위의 상사야말로 가장 적합한 멘토라는 사실을 잊지 말아야 한다. 나와 가장 편하게 터놓고 소통할 수 있고, 가장 유용한 정보를 줄 수 있기 때문이다. 그리고 회사에서 권위에 순종하는 것은 당연한 일이다. 때로 권위에 도전하는 것을 용기로 생각하지만, 오히려 권위를 존중하고 순종하는 것이 용기 있는 일이다. 당연한 것을 당연하게 여기는 것이 진정한 용기인 것이다. 선배를 깍듯이 대하면서 '한 수 가르쳐 주십시오'라고 겸손하게 먼저 다가가면 사랑받을 수밖에 없지 않겠는가. '권위의식을 타파하겠다'며 직장에서 필요한 용기를 잘못 이해하면 불필요한 오해를 받을 수 있다. 상사는 나의 멘토라고 생각하며 배우겠다는 자세로 임하는 것이 가장 좋은 태도다.

아직 배워야 할 시기에는 비판할 점보다 배울 점을 찾는 게 훨씬 이득이다. 사회 초년병으로서 갖추어야 할 것들을 끊임없이 습득하는 과정에서는 되도록 많은 사람들과 이야기를 나누고 배우며, 이들을 멘토로 삼는 것이 좋다. 하물며 바로 위의 상사야 말해 무엇 하겠는가. 여러 사람들 가운데서도 직장에서 좋은 평가를 받는 상사를 멘토를 삼는 것이 여러모로 도움이 될 것이다.

'상사를 따르는 건 그 상사의 비전을 따르는 것'이라는 말이 있다. 명확하고 올곧은 비전을 세우고 열심히 달려가는 상사를 멘토로 삼아 끊임없이 묻고, 배워라. 그런 상사가 있는 직장이라면 출근길이 즐겁지 않겠는가.

스스로
원군을 양성하라

● 　　　직장인이 프리랜서 정신으로 일한다면 반드시 인정받고 성공할 수 있다. 특히 외부 미팅이 잦은 이들이라면 프리랜서의 자세는 더욱 필수다. 자기 자신이 회사의 얼굴이자, 회사 대표라는 각오로 일선에 서야 하기 때문이다.

회사 내부에서 멘토를 만들어 도움을 받는 것도 중요하지만, 회사 외부 사람들을 상대할 일이 많다면 외부 사람들 중에 나의 지원군이 되어줄 이들의 명단을 만드는 것도 중요하다. 도움이 필요할 때 나를 위해 애써줄 수 있는 원군을 양성하는 것이다. 다른 비법은 없다. 내가 먼저 다가가고, 진심이 담긴 이야기를 나누며 소통하려 노력해야 한다. 설령 시간이 걸리더라도 가장 효과적이고 오래 지속되는 관계를 만드는 방법이다.

예전에 취재를 갔다가 외식업체 홍보담당자 S를 만난 적이 있다. 통성명을 하고 보니 동문이어서 친하게 지냈다. 연극배우로도 활동한 적이 있는 S는 연극만으로 생활이 어려워 이곳저곳 다니다가 그 회사로 옮겼다고 했다. 연예인이 경영하는 프랜차이즈여서 이름은 좀 알려졌지만, 실상 규모는 그리 크지 않았다. S는 입사하자마자 홍보 업무를 맡게 되었는데, 전에는 그 일을 전혀 해본 적이 없었다. 난감하기 이를 데 없었지만 어렵게 얻은 일자리여서 그만둘 수는 없었다. S는 '하나하나 처음부터 배우자'는 마인드로 일을 시작했다고 한다.

일간지 기자를 만난 첫 자리에서 S는 단도직입적으로 "어떤 보도자료를 선호하느냐?"고 물었단다. 심지어 자신이 쓴 보도자료를 검토해 달라는 요청까지 했다. 매끈하게 작성된 보도자료만 받던 기자들은 오히려 솔직한 S의 등장을 신선하게 여겼다. 그래서 담당자에게 코칭을 받아 납품하는 웃지 못할, 하지만 사실은 수지맞는 일이 벌어졌다. 클라이언트의 마음에 쏙 드는 결과물이 나오니 당연히 성과가 좋을 수밖에 없었다. 성과가 좋아 회사에서는 S가 홍보업무를 처음 한다는 사실조차 몰랐다고 한다.

S의 고군분투는 보도자료를 작성하는 데 그치지 않았다. 그는 일의 진행과정이 전부 처음인지라, 무조건 성의를 다하자는 것에 초점을 맞췄다. 보도자료를 보낼 때 메일이나 팩스를 이용하지 않고 일일이 담당자를 찾아가 인사하고 전달했다. 행여 담당자가 자리에 없을 때는 그 자리에 편지를 써두고 왔다. 손편지를 받은 기자가 신기하게 생각해 전화를 했고, 그걸 인연으로 보도가 된 적도 있다.

그러한 노력 덕에 좀처럼 등장하기 힘든 일간지에 프랜차이즈 대표가 크게 실린 적이 있었다. 만나러 간 담당 기자가 자리에 없자 한쪽에서 그 기자에게 남길 편지를 쓰고 있었다고 한다. 그러자 부장이 무슨 일이냐고 물었고, S는 자초지종을 설명했다. 그런데 다음날 기사가 크게 난 것이다. 그 부장이 선처를 해준 것 같아 전화를 해서 찾아뵈니, "오랜만에 보기 드문 광경을 봐서 기억에 남았다. 열심히 하는 게 보기 좋았다"며 격려해주었다고 한다. 또한 회사에서 큰 행사를 할 때는 국내 유명 만화가를 찾아가서 캐리커처를 부탁해 받아내기도 했다. 따로 비용이 책정되지 않은 일이어서 S는 사비를 털어 만화가에게 선물을 하는 등 사후 관리에도 애썼다.

스포츠신문 L부장의 인맥 관리는 전설이 되어 회자된다. 나 역시 그 전설을 전해 들었다. 내가 들은 것이 사실과 다를 수도 있지만, 그렇다 하더라도 'L부장이 유능하다'는 결론은 변함없다. 내가 들은 바로는 그가 섭외 못 하는 대상은 외계인(!)밖에 없다고 한다. 대한민국의 명사, 그중에서도 섭외하기가 하늘에 별 따기보다 어렵다는 스타들을 꽉 잡고 있는데, 그 비결은 '편지'에 있었다.

L부장은 어떤 사람을 소개받아 만나게 되면 반드시 편지를 보내 친분을 맺는다. 그다음 당사자는 물론 그 가족들 생일까지 알아낼 때마다 축하카드를 보냈다. 이런 건 보험회사 FC나 자동차회사 딜러들이 고객관리를 위해 하는 일인 줄 알았는데, 말단 기자도 아닌 부장급 기자가 한다니 놀라지 않을 수 없다. 실제로 L부장은 절대 인터뷰를 하지 않기로 유명한 사람들을 지면에 척척 불러냈는데, 그럴 때마다 모두들 그

의 관계성에 탄복을 금하지 못했다. 오랜 기간 진심으로 교류하고, 마음을 터놓았기 때문에 스타들도 이를 알아주었을 것이다.

기자들, 특히 일반 잡지사 기자들이나 사보기자들은 필자를 얼마나 확보하느냐에 따라 인정받는다. 어떤 사람을 동원할 수 있는가 하는 것이 그 사람의 실력이다. K부장은 유능한 필자를 줄줄이 거느리고 있는 것으로 유명하다. 잡문을 잘 쓰지 않는 유명 소설가들까지 그의 부탁이라면 거절하지 않는다. K부장이 하는 건 별 것 없다. 수시로 전화해 안부를 묻는 것이다. 어렵다면 어려운 일이지만, 진심으로 그 사람이 궁금하고 이야기를 나누고 싶다면 충분히 할 만한 일이다.

회사 담당자들을 만나보면 "일을 하려고 해도 이런저런 지원을 안해주니 할 수가 없다"며, "예산이 깎여서 일할 맛이 안 난다." "인력이 부족해 제대로 할 수가 없다"는 불만을 터트리는 경우가 많다. 충분한 지원이 이뤄지면 좋겠지만, 조금만 더 생각해보면 그럴 경우 일을 잘해도 빛이 안 난다. 일부러 여건이 좋지 않은 상황에서 나서라는 뜻은 아니지만, 여건이 충분치 않을 때 스스로 개척해서 결과를 내면 더욱 눈에 띈다.

일단 현재 상황에서 최대한 지형지물을 활용하되, 개척자 정신으로 나서서 일을 해나가야 한다. 회사라는 배경에 기대 수동적으로 일하는 것보다 내가 회사 대표라는 각오로 능동적이고 적극적으로 일하면 훨씬 좋은 결과가 나온다. 회사에서 지원받을 수 있는 것은 모두 모아 만반의 준비를 하고, 그 후 부족한 것은 스스로의 역량을 십분 발휘해 채

우면 된다. 이때 여기저기서 도움을 받을 수 있는 원군이 있다면 좀 더 수월하게 일할 수 있을 것이다. 특히 회사 외부에서 도움을 받을 수 있다면 회사 내에서의 입지도 탄탄해질 것이다.

사실 회사 내부든, 외부든 어디서 만난 사람인지가 중요한 것은 아니다. 편지든, 전화든, 직접 얼굴을 마주보는 것이든 그 사람과의 소통 수단도 그리 중요하지 않은 듯하다. 중요한 것은 내가 이 사람과 진심으로 통하고자 하는가 하는 '소통의 진심'이다. 스스로 먼저 노력하고 다가간다면, 곤경에 빠져 힘들 때 나를 구원해줄 든든한 아군부대를 구축할 수 있을 것이다.

상사와 친하면
자다가도 떡이 생긴다

● 　　직장 초년병 때는 이것저것 따지지 말고 돌쇠처럼 열심히 하는 게 최선이다. 특히 직장에 처음 들어가서 상사가 이것저것 심부름 시킨다고 인권 침해 운운하다가 찍히면 좋을 게 하나도 없다. '내가 무슨 머슴이야!'라는 억울한 마음이 들 수도 있겠지만, 직장은 냉정한 상하관계로 이루어진 곳이라는 것도 받아들일 줄 알아야 한다. 무조건 '상사가 말하면 무엇이든 귀담아 듣고, 시키는 것은 열심히 하겠다'는 마인드로 임하라. 초창기에는 억울해도 좀 견디다가 사이가 가까워졌을 때, 혹은 힘이 좀 생겼을 때 저항하든 건의하든 들이받든 해야 한다. 괜히 처음부터 권익을 찾겠다며 나서다가는 힘 한번 써보지 못하고 소리 없이 아웃되는 수가 있다.

신입이 겁 없이 강하게 나오면 선배들은 주눅 아닌 주눅이 든다. 진짜 주눅든다는 뜻이 아니라, 민망해한다는 뜻이다. 아직 햇병아리인 신입이 '권리' 운운하면서 자기 목소리를 낼 때 상사가 한주먹거리도 안 되는 초짜와 대결하기 머쓱해 그냥 지켜보는 것이다.

예전에 1년 동안 출근했던 사무실에서 있었던 일이다. 상사들이 신입사원의 눈치를 보는 사태가 발생했다. 천방지축인지, 개성이 확실한 건지 도무지 알 수 없는 '자유형'이 입사한 것이다. 선배가 복사를 맡겼는데 "그걸 왜 내가 해야 되죠?"라고 톡 쏘는 바람에 당황스럽기 그지없었다고 한다. 그뿐 아니라 조금이라도 자질구레한 일을 시키면 인상부터 확 구기면서 "제가 이런 거 하러 어려운 관문을 뚫은 줄 아세요?"라며 대들어 선배들이 '시한폭탄'이라고 부르며 아예 멀리했다.

그 신입은 아마도 밖에 나가서 친구들한테 "쓸데없는 거 시켜서 확 대들었더니 다들 나한테 꼼짝도 못하더라"며 큰소리쳤을지도 모른다. 그러나 하나만 알고 둘은 모르는 일이요, 앞으로 남고 뒤로 밑지는 장사다. 그렇게 잔심부름 해주면서 정들고, 그걸 계기로 밥도 얻어먹으면서 친해지는 건데, 내가 "그런 거 하려고 입사한 줄 아느냐"며 정색하면 업무로만 연결된, 딱딱하기 그지없는 상명하복관계를 자처하는 일이 되고 만다. 게다가 복사 심부름이라는 것이 단순한 잔심부름이 아니다. 어느 정도 직장생활을 해본 사람은 알겠지만, 업무와 관련된 문서를 복사하면서 내용을 대략 훑어보는 것 또한 신입에게는 좋은 공부가 되기 때문이다.

결국 그 신입사원만 빼고 모인 자리에서 성토를 하다가 "우리가 왜 그 애 눈치를 봐야 하느냐"며 전열을 가다듬어 '탄압 모드'로 돌변하게 되었다. 그 뒤의 일은 상상에 맡기겠다. 자기 일만 '고귀하게' 수행하면 당장 일신은 편할지 모르나, 훨씬 많은 걸 잃게 된다. 먼저 커피 타 주면서 선배들로부터 업무 노하우 하나라도 챙겨야 하는 게 신입이라 는 자리인데, 스스로 나서서 울타리를 치는 건 어리석은 일이다.

나는 2년간 회사 생활을 한 뒤 프리랜서로 나섰는데, 중간에 1년 혹 은 2년 정도 정기적으로 출근하면서 일할 때가 있었다. 정식으로 입사 하지 않고 객원으로 일해도 오랫동안 함께 근무하다 보니 회식 때나 야유회 때면 불러주는 경우가 꽤 됐다. 그때 가서 보면 내심 부러울 때 가 많았다. 직장인들은 회사에서는 데면데면하다가도 회식 때는 끈끈 한 결속력을 자랑한다. "우리가 남이가!"를 외치며 지구가 멸망해도 함께할 것처럼 진한 정을 서로에게 퍼붓는다. 프리랜서로 일하다 보면 그런 객기가 부럽기만 하다.

프리랜서 입장에서는 직장에서 "부하직원 때문에 열 받는다"는 상 사나 "상사한테 야단맞아 억울하다"는 부하직원이 부러울 때도 많다. "내막을 몰라서 그래"라고 말할 수도 있겠지만 '야단맞고 열 받는' 과 정 같은 것 없이 마음에 안 들면 바로 아웃되는 프리랜서 입장에서 보 면 부러울 수밖에 없는 것이다.

프리랜서들은 회사에 제출해야 할 자료가 있으면 완벽하게 준비를 한다. 내용 점검은 물론 표지부터 마지막장까지 담당자의 입맛에 맞추 기 위해 애쓴다. PPT로 발표해야 하는데 만드는 작업이 익숙지 않으면 외부에 맡겨서라도 완성도를 높이기 위해 애쓴다. 단 한 번밖에 주어 지지 않는 기회를 놓치지 않기 위해 치밀한 준비를 하는 것이다. 상사에게 보고서를 제출할 때, 프리랜서가 하듯 '단 한 번밖에 주어지지 않는 기회'인 것처럼 최선을 다하는가? 내가 보기엔 그렇지 않은 직원도 있는 것 같다. '피드백 받아 수정해야지' 하는 마인드를 가진 이들을 많이 봐왔다. 상하관계가 확실한 직장에서는 관계 때문에 불리한 때도 있지만, 관계 내에서 입지를 확실히 구축하면 관계라는 이름으로 서로를 보호하고, 보호받게 된다. 단점보다는 장점이 더 많은 것이 회사 내 상하관계다.

부하들은 일이 힘들다고 아우성이지만, 상사들은 외로워서 힘들다. 위로 올라갈수록 점점 더 외로워진다. 가장 멋진 상사는 '회식비 내주고 가능한 한 빨리 자리를 떠나주는 사람'이라고 하지 않는가. 시어머니와 상사는 멀리할수록 좋다는 게 일반적인 정서다. 하지만 상사들은 부하직원과 친밀하게 지내고 싶어 한다. 상사들은 젊은 직원들과 코드가 맞는다는 걸 자랑처럼 말할 정도다. 그러니 상사가 심부름을 시키면 귀찮아할 것이 아니라 그것 자체가 훈련과정이며 친밀감의 표시라는 걸 알아야 한다. 상사들은 일부러 문서를 복사해오라고 시킨 후 부하 직원을 지켜보기도 한다. 심부름은 상사가 부하 직원과 소통하는 하나의 방식인 것이다.

모 대기업의 L부장이 바로 그런 상사다. 그는 다양한 방법으로 부하 직원을 테스트하며 지켜보는 타입이다. "복사해오라고 했는데 기계처럼 아무 생각 없이 그냥 한 부 복사해서 딱 갖고 오면 한숨이 나온다. 심지어 순서도 안 맞게 대충 추려서 갖고 오거나 스테이플러도 아무렇게나 찍어온다. 우리가 신입사원 때는 상사가 복사해오라고 하면 대단한 자료라고 생각해서 몰래라도 한 부 더 복사해서 읽어봤다. 그런데 요즘은 그런 친구가 드물다. 우리 때는 스테이플러도 정성껏 찍어서 갖고 갔다. 상사 일이 바로 내 일이라고 생각했는데, 요즘 친구들은 그렇지 않은 것 같다. 이기적이다."

그런가 하면 심부름을 시킬 때도 다 의도가 있는데, 그걸 알아채지 못한다며 안타깝고 답답하다고 한숨을 내쉬었다.

"다른 부서 상사에게 서류를 갖다 주라고 시키면, 인사드리고 친해질 생각을 해야 하는데 그냥 서류만 덜렁 갖다 주고 온다. 행위에 대한 훈련이 안 되어 있을뿐더러, 릴레이션십에 대한 개념도 없다. 가끔 직원들에게 책을 사오라고 시키면 무슨 책인지 들춰보지도 않는 건 물론 회사에서 비싼 비용을 들여 정기구독하는 잡지도 안 본다. 무슨 배짱인지 모르겠다. 보조자라는 생각뿐 주인의식이 없다. 주인의식이 없기 때문에 눈앞에 보이는 것만 겨우 챙긴다. 그래서 언제 실력을 키울 것인가. 보이지 않는 것도 배워야 한다."

취업정보 사이트 인크루트의 한 설문조사 결과에 따르면 '새해에 같이 일하기 싫은 사람'으로 '상사'를 꼽은 사람이 71.9%나 되었다고 한다. 10명 중 7명은 상사가 싫다는 것이다. 그런가 하면 또 다른 취업정보 사이트 잡코리아가 '존경하는 상사가 있는가'라는 질문을 던졌을 때 응답자의 64.8가 '있다'고 답했다고 한다. 이 가운데 94.2%는 '존경하는 상사 덕에 애사심이 더 높아진다'고 답했고 특히 82.15%는 '만일 존경하는 상사가 이직해 스카우트를 제안한다면 동반이직하겠다'고 답했다.

상사란 '배우겠다'는 마음으로 대하면 내게 도움을 주는 귀한 존재지만 '싫고 부담스럽다'는 마음으로 대하면 나를 괴롭히기 위해 태어난(?) 껄끄러운 존재가 되고 만다. 존경스러운 상사를 존경하는 건 누구나 할 수 있는 일이다. 같이 일하기 싫은 상사를 따르고 존경하도록 노력해보는 건 어떨까? 상사와 소통하는 첫 번째 열쇠, '배우겠다'는 마음가짐으로 상사를 대하는 것이다. 나를 살찌울 물건을 잔뜩 쌓아둔 창고가 바로 나의 상사라는 마음가짐으로 상사와 친해져라. 그리고 배우라.

과감히 헌신하고
사랑받으라

● 　　프리랜서로 근무하며 이곳저곳 회사를 방문해보면 몇 가지 사안을 통해 그 회사의 분위기를 파악할 수 있다. 중간관리자급을 인터뷰하러 갔을 때 가장 먼저 주목하게 되는 것은 바로 '커피'다. 그 사람이 얼마나 존경을 받고 있는지, 회사 분위기는 어떤지 '커피 실랑이'를 통해 짐작이 가능하다.

　준비성이 있는 사람은 미리 음료 캔이라도 준비해놓지만 바쁘다 보면 그렇지 못할 때도 있다. 한참 인터뷰를 하고 있으면 다른 자리에 있던 사원이 차를 타서 갖다 주기도 한다. 그런가 하면 빤히 보고도 물 한잔 안 갖다주는 경우도 있다. 갖다줘야 할 의무가 없으니 당연한 일이라는 듯 말이다. 서열이 주르르 정해져 있는 경우가 아닌, 다들 비슷비슷한 서열의 사람들이 근무하고 있을 때 주로 문제가 생긴다. 중간관리자급이면 대단히 높은 상사도 아닌 데다, 나랑 비슷한 직급의 동료도 가만히 있는데 내가 나설 이유가 없다고 생각하는 것이다.

얼마 전 고위공직자를 취재하러 간 일이 있었다. 사무실이 쭉 이어져 있었는데, 맨 안쪽 사무실 앞에 비서인 듯한 여성의 자리가 있었다. 사진기자와 나는 그 사무실 바로 옆에 이어져 있는 사무실로 인터뷰를 하러 갔다. 인터뷰가 끝날 때까지 차 한잔 주는 사람이 없었다. 대신 내가 인터뷰하는 내내 옆 방 비서가 다른 여성과 잡담하는 소리가 들렸다. 모시는 분이 외출을 한 것 같았다. 자신이 모시는 분을 만나러 온 사람에게만 차를 대접하는, 분명한 기준(?)을 가진 여성은 내가 인터뷰를 끝내고 나올 때까지 수다만 떨고 있었다.

반면에 자신의 일이 아님에도 차를 대접해주는 사람들도 있다. "어머, 차도 안 갖다드렸네요"라며 생글생글 웃으며 차를 들고 오면 기분이 좋아지고, 취재원과 친절을 베푼 사람에 대한 신뢰감이 마구 생긴다. 내가 그럴진대 그런 친절을 제공받은 상사는 그 부하직원이 얼마나 사랑스럽겠는가.

신입사원 시절은 이리저리 떨어지는 잔심부름 때문에 피곤하기도 하지만, 작은 일로도 사랑을 많이 받을 수 있는 시기다. 기대하지 않았는데 뜻밖에 감동적인 대접을 받으면 상사는 좋은 인식을 갖게 된다. 몸 사리지 않고 열심히 뛰면 마일리지를 듬뿍 쌓을 수 있는 때가 초년 시절이다. 괜한 자존심 세우면서 사소한 데 집착하지 말고, 과감히 헌신하면 사랑을 듬뿍 받을 수 있다. 특히 업무 외적인 부분에서 희생정신을 발휘해, 남들보다 조금만 더 노력해보라. 상사와 한 걸음 부쩍 가까워지는 지름길로 들어설 수 있다.

작은 회사를 운영하는 대표들은 직원들 눈치를 보는 경우가 많다. 기획사 O대표는 주말에 갑자기 일이 생기면 직원들을 동원하지 못해 혼자서 일처리를 하는 경우가 비일비재하다고 털어놓았다.

"요즘 친구들은 주말에는 절대 일을 안 한다는 확고한 신념이 있다. 주말에 좀 나와줄 수 있겠느냐고 하면 '꼭 가야 하냐'고 묻는다. 그렇게 물으면 안 와도 괜찮다고 할 수밖에 없다. 해주면 고맙고 안 해주면 섭섭할 뿐이지, 엄밀히 말해 시간 외 업무인데 강요할 수는 없는 일 아닌가. 퇴근시간이 임박해 갑자기 급한 일이 생길 때도 있다. 그러면 어떻게든 핑계를 대고 안 하려고 한다. 부서에서 돌아가는 일이면 솔선수범해서 할 법도 한데, '눈치코치'가 없는 거다.

하지만 나가다가도 다시 돌아오고, 자기 일이 아니어도 맡는 직원들이 몇몇 있다. 그런 친구들은 따로 사례를 하고 다음 연봉협상 때 감안한다. 자기 일 아니어도 해주는 직원을 보면 어찌나 미안하고 고마운지 모르겠다. 이렇게 남들이 하기 싫어 하는 일을 앞장서 하는 '싹수 있는' 친구들은 나중에 큰 회사로 옮겨가거나 프리랜서로 나서도 일을 잘한다."

O대표는 아무도 하지 않으려는 일을 나서서 맡아주는 직원들이 고맙다며, 그 직원들이 유독 예뻐 보이는 것은 어쩔 수 없다고 털어놓았다.

부하직원 입장에서는 퇴근시간에 상사가 퇴근하지 않고 있는 것 자체가 부담이다. 그런데 퇴근 이후에 새로운 일거리가 생긴다는 건 스트레스가 아닐 수 없다. 게다가 일주일 내내 힘들었는데 주말까지 나오라는 건 받아들이기 쉽지 않은 일이다. 끊임없이 일을 주면서 쥐어짜는 상사, 왜 하는지, 어떻게 하는지에 대한 설명도 없이 일을 던지는 상사를 부하들은 가장 경계한다.

하지만 남들이 모두 기피할 때, 희생정신을 발휘해보면 어떨까. 퇴근시간 이후, 주말에 스스로 나서서 일해보자. 누구나 할 수 있을 때가 아니라, 아무나 하기 힘들 때 먼저 나서면 그 보상은 크다. 그때 확실하게 자신을 각인시킬 수 있다. 상사에게 인정받는 소통의 길은 먼 곳에 있지 않다.

O대표의 회사가 그렇듯, 작은 기획사들은 늘 인력난에 시달린다. 퇴근시간 이후나 주말에도 해야 할 정도로 일이 있는 경우가 많고, 그 때문인지 조금만 경력이 쌓이면 큰 회사로 옮기고 싶어 한다. 그래서 사람 키우기가 무섭다고 말하는 대표들이 많다. 직원들을 고용하기보다는 프로젝트별로 프리랜서들과 일하거나, 프리랜서들이 객원 직원으로 일하는 경우가 많은 것은 그 때문이다.

나도 O대표의 회사에서 함께 일하면서 많은 직원들을 겪었다. 그동안 회사를 거쳐 간 직원 중 가장 기억에 남는 직원은 J실장이다. 일도 시원시원하게 잘했지만 무엇보다 희생정신이 있었다. 사무실이 20평 규모로 작은 공간인 데다 직원이 전부 여성인지라 늘 깨끗해서, 미화원을 따로 고용할 필요가 없었다. 하지만 화장실 청소가 문제였다. 이때 팔을 걷어붙이고 나선 게 J실장이었다. 부하직원이 있는데도 자청해 매일 일을 마치고 화장실 청소를 시원하게 하니, 아래 직원들이 컵

씻고 사무실 정리하는 일을 자연스레 도왔다. 명절이 되면 O대표가 직원들에게 선물을 하는데도 직원들 선물을 따로 챙길 정도로 부하 사랑도 남달랐다.

O대표는 기자로 일할 때 J를 만났다. 당시 프리랜서였던 J는 그때부터 눈에 띄는 존재였다. J의 솔선수범은 온 회사에 소문이 날 정도였다. 대부분의 프리랜서는 기사를 던져놓고 가고, 좀 더 성의 있는 사람들은 대지가 나오면 점검하는 데 그치지만 J는 마감 때 밤을 새우면서 기자들과 함께 고생했다. 새벽에 잠깐 눈을 붙이러 집에 갈 때면 J는 자신의 차로 O를 반드시 집까지 데려다 주고 갔다. 그렇게 성의가 있다 보니 기자들이 J는 다른 곳의 일을 안 해도 되게끔 회사 일을 몰아주었다. J를 눈여겨본 O는 기획사를 설립한 뒤 J에게 실장 자리를 제의해 오래 함께 일했다.

J가 떠난 후 O대표를 기쁘게 하는 것은 얼마 전 입사한 신입사원이다. 신입사원을 한 명 충원했는데, 성격이 시원시원해서 사무실 분위기가 한껏 밝아졌다고 자랑을 늘어놓았다. 그 신입사원의 비결은 '즉석수프 서비스'다. 여직원들 대부분이 아침을 안 먹고 출근한다는 걸 안 신입직원이 갖가지 즉석수프를 잔뜩 사다놓고, 아침마다 직접 타서 돌린다는 것이다. 그래서인지 직원들과 금방 친해져서 신통하다고 했다. 스물여섯 살인 신입직원은 이공계 출신으로 기획업무는 초보라고 한다. 자신보다 나이 어린 경력자에게 열심히 일을 배우는 중인데, 밝은 성격으로 선배 대접을 깍듯이 해 보기 좋다는 것이다. O대표는 나이 때문에 걱정했는데 인화가 잘되어 좋다며 흐뭇해했다.

회사에서 누군가 해야 될 일이라면, 그 누군가를 기다리지 말고 내가 나서면 어떨까. '이게 내가 할 일이야?'라고 자존심 따져가며 몸 사리지 말고, 과감히 희생정신을 발휘해 헌신하면 그만큼 큰 사랑이 돌아온다. 상사든 부하든 먼저 희생정신을 발휘해 다가오는데 마다할 사람은 아무도 없다. 직급을 따지지 말고, 먼저 헌신하겠다는 생각을 가진다면 누구에게나 사랑받을 수 있다.

진상 상사
vs 꼴통 부하

● 　　　프리랜서로 여기저기 돌아다니다 보면 상사와도 친구가 되고 부하직원과도 친구가 되어 두루두루 많은 얘기를 듣게 된다. 어느 회사든 서로에게 요구하는 것은 비슷한 것 같다. 상사들은 부하직원이 주인의식을 갖고 일해주길 바라고, 부하들은 상사들이 합리적이길 바란다. 그러나 서로가 바라는 모습이 되어주기는커녕, 무개념 행동만 일삼는 '진상 상사'와 '꼴통 부하'는 회사마다 꼭 있다.

　절친한 대기업 임원에게 부탁해 중간관리자들을 상대로 진상 상사와 꼴통 부하에 관한 조사를 좀 해달라고 부탁했다. '어떤 상사가 바람직하다고 생각하는가?' '어떤 부하가 미더운가?' 등 여러 항목을 만들어 전달했더니 재미있는 답변을 보내왔다. 설문지를 죽 검토해보니 답변이 겹치는 부분이 꽤 있어, 이를 소개해보려 한다.

　대기업 중간관리자들이 뽑은 진상 상사란 어떤 이들일까? 무조건

'예스'만 듣길 원하는 사람, 방향성도 없이 닥치는 대로 일을 시키는 사람, 부하직원의 고민과 사생활에 전혀 관심이 없는 사람, 평소 피드백이 전혀 없다가 문제가 생기면 부하직원에게 떠넘기는 사람, 실력은 없으면서 줄타기만 하려는 사람, 사사건건 간섭하고 언어폭력을 일삼는 사람, 칭찬에 인색한 사람, 변화에 대응하지 못하는 사람, 조직원은 돌보지 않고 자기 이익만 추구하는 사람 등이었다.

그렇다면 꼴통 부하는 어떤 인물일까? 업무역량은 낮으면서 평가가 나쁘면 펄펄 뛰는 사람, 지시에 따르지 않고 오히려 항명하는 사람, 화합하지 못하고 독단적으로 행동하는 사람, 보고체계를 지키지 않는 사람, 야단맞아도 속없이 웃고 후배한테 밀려도 긴장감이 없는 사람, 책임감도 희생정신도 없는 사람, 도전정신과 열정이 없고 자기계발을 하지 않는 사람, 감정기복이 심하고 공과 사를 구별 못하는 사람, 수동적이고 자기관리가 안 되는 사람 등이었다.

상사들은 대개 부하직원들이 자신을 못 따라온다고 푸념한다. 부하들은 '우리 팀장님은 앞뒤가 꽉 막혔다'며 권위적인 상사에 대한 불만을 토로한다. 하지만 다 그런 건 아니다. 부하직원을 탓하기보다 부하직원을 잘 관리하지 못하는 자신을 자책하는 '개념 상사'들도 많다. 똑똑한 부하직원을 보고 심기일전하려는 상사들도 있다. '나도 팀장님처럼 회사에서 인정받는 직원이 되겠다'며 하나라도 더 배우려고 열심인 '개념 부하' 역시 많다. 어디나 불만과 고충은 있기 마련이지만, 대부분의 상사들과 부하들은 오늘도 화합하면서 열심히 일하고 있다.

직장인들은 직급이 올라가면서 그만큼의 리더십이 생긴다. 늘 혼자서 일을 처리해야 하는 프리랜서 입장에서 보면 부럽기 그지없는 일이다. 더 큰 세상으로 도약하며 끊임없이 자신을 향상시키는 것은 쉽게 누릴 수 없는 기회다. 프리랜서는 경력이 쌓일수록 일의 규모가 커지기는 하지만, 그것이 반드시 리더십과 연결되는 건 아니다. 자신의 역량이 그만큼 커지더라도 자신의 일 외에는 책임져야 할 것이 없는 경우가 대부분이어서 리더십과는 거리가 먼 편이다.

리더십을 쌓을 수는 없지만, 그만큼 권위의식에 사로잡히지 않을 수 있는 것은 프리랜서의 장점인 것 같다. 새로운 클라이언트를 만나 또 다른 일을 해야 하니 늘 겸손해질 수밖에 없는 환경이다. 나이 들어서 직장을 그만두고 프리랜서로 나선 사람들은 나이 어린 담당자를 대하면서 다시금 인생의 신발끈을 조이는 경우가 많다. 직장에 있을 때라면 한참 후배였을 담당자를 깍듯하게 대해야 하기 때문이다. 어떻게 보면 직장 초년병 때보다 더 겸손해질 수밖에 없는 상황의 연속이다. 프리랜서는 사장이라는 생각으로 모든 일을 처리하면서, 동시에 말단 직원의 의식도 갖고 산다.

만약 직장인들이 프리랜서와 같은 마인드로 근무한다면 어떨까? 사장처럼 책임감을 갖되 겸손하고 성실한 신입사원의 마인드로 일한다면 언제 어디서든 사랑받을 수 있다.

진상 상사와 꼴통 부하가 속을 뒤집는다면, '완소 상사'와 '보물 부하'는 속을 후련하게 한다. 대기업 중간관리자들이 뽑은 완전 소중한 우리의 상사는 '책임지는 상사'였다. 부서에서 진행되는 일의 성과가 좋지 않을 때, 누구 때문이라고 떠넘기지 않고 "내 책임이다. 다시 중지를 모아보자"고 말하는 상사라는 것이다. 즉 문제가 생겼을 때 원인 규명에 급급하기보다 해결책을 제시하는 실력 있는 상사, 자신의 주장만 내세우는 게 아니라 부하직원의 의견을 듣는 소통형 상사, 일을 맡긴 뒤 중간중간 체크하면서 조언해주는 상사, 감정 기복이 없이 온화한 상사, 지나간 일을 쓸데없이 들추지 않는 상사, 부하직원들을 정확히 파악해 아부하는 사람을 편애하지 않는 상사, 그저 시간만 때우는 사람과 효율적으로 일하는 사람을 구별하는 상사야말로 완소 상사다.

그렇다면 어떤 사원이 '보물 부하'일까. 중간관리자들은 눈치 빠르고 일 잘하고 싹싹한 신입사원이 들어오면 그야말로 '로또 당첨'이라고 생각했다. 개인주의를 버리고 조직과 화합하는 부하, 도전정신과 자립심이 강한 부하, 능동적으로 일하려는 부하, 책임감 있고 부지런한 부하, 위계질서를 알고 바로 윗상사를 존중하는 부하, 자기관리 잘하는 부하를 '보물 부하'로 꼽았다.

대기업 중간관리자들의 설문을 통해 느낀 것은 '리더십이 있되 권위의식이 없는 상사, 겸손하되 주인의식을 가진 부하'가 사랑받는다는 사실이다. 자리에 연연하거나 자신을 가두지 말고, 일이 원활하게 이루어질 수 있도록 책임감을 갖고 상대와 소통하자. 그것이 '완소 상사'와 '보물 부하'로 거듭나는 비결이다.

소통이
만사형통을 부른다

●   한의사들이 가장 중요하게 생각하는 것은 기혈순환이다. 몸 안의 기와 혈이 통하지 않고 고여 있는 것이 건강을 상하게 하는 가장 큰 요인이라고 한다. 조직도 마찬가지다. 조직구성원들이 서로 통하지 못하면 성공할 수 없다. 조직에서 화합과 단결을 강조하며 많은 모임을 갖는 것도 결국은 소통하기 위함이다. 말단 직원부터 대표이사까지 시원하게 소통하는 것이야말로 조직이 사는 길이다.

프리랜서로 일하며 그동안 많은 사람을 만나 인터뷰했는데, 그중 '소통의 달인'을 꼽으라면 오명 전 장관을 들 수 있다. 현재 웅진에너지 회장으로 일하고 있는 오 회장은 5공화국 때부터 차관을 한 번, 장관을 네 번, 부총리를 한 번 지냈고 동아일보 사장, 아주대와 건국대 총장을 역임했다. 한 번만 해도 '가문의 영광'이라는 장관직을 여러 차례 지낸 비결을 물었을 때, 오 회장은 '부하직원들과의 소통'이라고 답했다. 오 회장은 일단 부임하면 전 직원에게 '우리 부서의 문제점을 적어내라'는 숙제를 낸다. 실무를 가장 잘 아는 것은 일선직원들이므로, 이들은 자신들이 생각하는 문제점을 자세하게 기술해 제출한다. 그러면 그 의견을 취합해 6개월 정도 전 직원의 토의 과정을 거쳐 개선점과 실행해야 할 목표를 세운다. 오 회장은 "고칠 건 고치고 목표를 달성하기 위해 노력했을 뿐"이라고 했다. 그렇게 해서 관장하는 곳마다 높은 실적을 거두니, 승승장구할 수밖에 없었던 것이다.

여러 직장을 드나들면서 직장의 모든 불화는 소통의 부재에서 비롯된다는 것을 늘 느낀다. 상사는 당연히 부하가 잘해오리라 생각해 묻지 않고, 부하는 상사가 어려워 얘기하지 못하다 보니 그것이 쌓이고 쌓여 어느 순간 꽉 막혀버리는 것이다.

요즘 상사들이 힘들어하는 것은 '도통 무슨 생각을 하는지 알 수 없는 신세대 사원'이다. 예전과 달리 표정과 태도를 통해 짐작이 불가능하다는 것이다. 그런가 하면 부하직원은 평소에는 어떤 피드백도 없다가 문제가 발생하면 그제야 이슈를 제기하고 사사건건 물고 늘어지려는 상사 때문에 피곤함을 느낀다. '서로 원활하게 소통한다'는 기본 원칙만 제대로 지킨다면 충분히 막을 수 있는 병폐들이다.

세상 모든 상사는 부하직원이 답답하고, 세상 모든 부하직원은 상사가 껄끄러운 이유도 '소통이 되지 않기 때문'이다. 부하들은 같은 일에 대해 상사들의 지시사항이 각기 다를 때, 지시내용이 명확하지 않을 때 힘들어한다. 일을 시켜놓고 중간점검을 안 하거나 일을 마쳤는데 피드백이 없는 경우에도 그러하다. 심지어 일을 시켜놓고 "난 기억 안 나는데, 설마 내가 이렇게 하라고 했겠어?"라고 말한다면 황당하기 이를 데 없다. 그런데 그런 황당한 일이 드물지 않게 일어나니, 부하직원들은 상사들과 통하지 않는다고 생각한다. 소통이 되지 않으면 부하직원은 일을 하고도 맥이 풀리고, 다음에 지시받았을 때 윗사람이 다그치지 않으면 굳이 열심히 할 필요를 느끼지 못한다.

그런가 하면 상사는 부하직원이 어떤 일이든 성심껏 하고, 기한 전에 결과물을 내놓기를 바란다. 상사는 여러 부하를 상대하기 때문에 일을 시키면 각자가 알아서 해오는 것을 좋아한다.

대기업 J이사는 일을 시키면 "언제까지, 어떤 식으로 하면 될까요?" 하고 먼저 물어야 하는데 그냥 "네!" 하고 돌아가서는 함흥차사인 부하가 많다고 개탄했다. "납기를 묻지 않는 건 당장 하겠다는 뜻이다. 그런데도 나중에 물어보면 시작도 안 한 경우가 있다. 당장 안 한다 하더라도 전에 했던 일에 비추어 자신이 알아서 납기를 맞춰야 한다. 그런데 여태 뭘 했는지 납기 당일에 와서야 안 된다고 읍소하는 부하직원들이 꼭 있다"며 답답해했다.

"납기를 못 맞출 수 있다. 그러면 미리 얘기를 해야 한다. 10일 안에 하겠다고 했는데 일이 잘 안 풀리면 적어도 6~7일 경에는 연기해달라는 얘기를 해야 한다. 8일째 되어서 안 된다고 얘기하거나 아예 당일에서야 어렵다, 시간이 더 필요하다고 얘기하는 경우가 있다." 그런가 하면 가장 얄밉고 신뢰할 수 없는 케이스는 "'알았습니다'라고 시원하게 답해놓고 일은 도무지 안 하는 뺀질이들"이라며, 말만 잘하는 직원들이 있다고 성토했다. "윗사람은 매의 눈을 가졌다. 될성부른 나무는 눈을 반짝이며 질문하고 열심히 한다."

상사의 의무라 여겨지는 피드백에 관해서도 상사들은 다른 생각을 갖고 있다. 자신은 챙길 게 많으니, 사안별로 부하직원이 먼저 환기시켜주길 바라는 것이다. 단순히 업무적인 차원이 아니라, 그 외의 것들도 부하들이 어려워하지 않고 미리 이야기해주기를 바란다. 앞서도 이야기했듯 상사들은 대체로 외롭기 때문에, 부하직원이 친밀하게 다가가면 누구나 좋아한다. 상사가 무섭다고 벽을 쌓기 시작하면 거리를 좁힐 수가 없다. 그러니 어렵더라도 먼저 다가가 소통하라.

혼자 일하는 것이 아닌 다음에야, 소통은 상사와 부하 관계를 비롯한 회사 내 많은 관계를 유지하기 위한 가장 기본적이고도 필수 불가결한 수단이다. 프리랜서로 많은 조직을 관찰하고, 인터뷰해본 결과 아래에서 위로, 위에서 아래로 원활하게 흐르는 조직이 성장했다.

그리 크지 않은 회사에서 윗선끼리만 정보를 교환하고 아래와 전혀 교류하지 않는 조직에는 소문만 난무한다. 다음에 '누가 승진한다더라' '사장은 누구만 편애한다더라' '누구는 잘린다더라' 등 가만히 있어도 외부인인 내 귀에까지 그런 얘기가 들려온다. 소통이 안 되는 조직일수록 구성원들은 자신감이 없고 활력을 잃는다. 또 직원들이 "곧 그만둘 거다"라는 말을 입에 달고 산다.

소통을 잘하면 조직이 살아난다. 그러므로 기쁨도 슬픔도 비전도 조직원이 함께 나눠야 한다. 그래야만 '내 회사'라는 생각에 충성하기 때문이다. 그간 거래한 업체 중에는 프리랜서인 나에게도 비전을 제시하고 직원들 모임에 초청하는 곳이 있었다. 그럴 경우 내가 그 회사의 직원인 양 착각하며 더 열심히 뛰게 된다. 소통이 답이다. 만사형통을 원한다면, 서로 진심을 나누는 소통을 하라.

서로의 '스타일'을 파악해야
완성품이 나온다

● 　　취업준비생들은 갈 데가 없다고 걱정하는데 현장에서는 일할
사람이 없다고 아우성이다. 양쪽 얘기를 듣다 보면 틀린 말은 아닌데,
'부사'가 빠졌다는 생각이 든다.

　"취직은 해야겠는데 '딱히' 갈 데가 없어."

　"사람이 필요한데 '마땅히' 쓸 만한 사람이 없어."

　자신의 스타일에 꼭 맞는 회사, 원하는 조건에 딱 맞는 직원을 찾기
란 쉽지 않다. 때로는 양쪽이 '딱 맞는 상대'로 지목해 일을 시작하지
만 얼마 안 가 서로가 실망하는 경우도 생긴다. 그렇기에 힘들게 들어
간 회사를 몇 년 못 다니고 그만두는가 하면, 프로젝트를 한 건 진행한
후에 다음 일을 수주하지 못하는 프리랜서들도 허다하다. 평생직장을
구하든, 단 한 번 일을 하든, 먼저 상대를 철저히 파악해야 한다. 대충
맞춰서 발을 들여놓았다가는 낭패를 당하기 십상이다.

프리랜서와 클라이언트 사이에서도 가장 중요한 것은 '소통'이다. 상하 의식이 아닌 파트너 의식을 갖고, 어떻게 하면 일을 잘 처리할 수 있느냐에 공동의 관심을 두는 게 바람직하다. 클라이언트 쪽은 돈을 주고 일을 맡긴 만큼 최상의 성과를 거두고 싶어 하기 때문에, 프리랜서는 담당자의 뜻을 확실히 파악해 원하는 결과물을 얻을 수 있도록 해줘야 한다.

그러기 위해서는 중간중간 담당자를 만나 상의하고 점검을 받는 게 가장 효율적이다. 프리랜서는 내 작품을 만드는 작가가 아니라, 핵심을 정확히 파악해 상대가 원하는 성과물을 내야 하는 작업자다. 나의 개성과 스타일을 살리기보다 의뢰인의 요구와 스타일에 충실하는 것이 완성품을 만드는 지름길이다. 나에게 오랜 기간 일을 맡긴 K부장은 늘 이런 당부를 했다.

"편집장한테 한 번 더 물어보고 가. 편집장의 의도가 중요하거든."

그 일의 최종 결재권자의 기호와 의도를 아는 것이야말로 '한 방'을 달성할 수 있는 비법이다. 그래서 부장의 권유를 받아들여 일을 수주한 뒤 편집장과 차 한잔 하면서 다시 한 번 일의 성격에 대해 설명을 듣고 서로 소통하는 과정을 거쳤다. 몇 번만 그렇게 하면 나중에 그 편집장의 스타일을 파악하게 되고 나중에는 꼭 점검받지 않아도 짐작 가능하게 된다.

일을 맡기는 사람과 과업을 수행하는 사람은 서로 확실히 의사를 표현하고 중간중간 점검을 통해 최상의 완성품을 생산해야 한다.

이는 조직구성원들에게도 똑같이 통용되는 이야기다. 회사에서 내가 맡은 일, 상사가 지시하는 일을 면밀히 검토한 뒤 거기에 부합하는 결과물을 만들어내는 것이 중요하다. 탁월한 결과물이란 어떤 절대적인 기준에 맞는 것이 아니라, 상대가 원하는 기준에 부합하는 것이므로 어떤 일을 시작하든 먼저 상대의 '스타일'을 철저히 파악하고, 일을 완성하기까지 끊임없이 소통하며 서로 맞춰야 한다. 소통이 안 되어 실력 발휘를 제대로 못한다면, 그래서 인정받지 못한다면 그만큼 억울한 일이 어디 있겠는가.

잘 아는 모 회사 K부장이 일할 사람을 좀 구해달라고 부탁했다. 마침 출산 이후 쉬다가 막 다시 일을 시작한 S가 떠올랐다. 종합여성지에서 인물 인터뷰와 패션 섹션 등을 진행하며 여러 분야를 두루 섭렵한 경험이 있어, 적격일 듯해 소개해주었다.

그런데 얼마 후 K부장이 "우리 회사 스타일을 못 맞춘다"며 다른 사람을 소개해달라고 했다. S도 "괜히 꼬투리를 잡는다. 짜증난다"며 투덜거렸다. 결국 S가 한 일은 채택되지 못했고, 다른 사람에게 다시 일을 맡길 수밖에 없었다. 나도 중간에서 괜히 면구스러웠다.

일 잘하기로 소문난 S가 일이 제대로 진행되지 않아 스트레스를 받은 건 이해하지만, "괜히 꼬투리 잡는다"는 건 핑계일 뿐이다. 현명한 프리랜서는 클라이언트가 하는 말에 '괜히'를 붙일 만한 사안이란 없다고 생각한다. 만약 클라이언트가 괜히 그런다면, 그것은 둘 사이에 제대로 된 커뮤니케이션, 즉 소통이 이루어지지 않았기 때문이다. 서로가 서로의 '스타일'을 잘 몰랐기 때문에 어긋난 것이다.

왜 S가 "회사 스타일을 못 맞춘다"는 평가를 받았을까. 그건 청탁받은 일을 제대로 분석하지 않았기 때문이다. 당연한 이야기지만, 일을 맡을 때는 담당자와 충분한 커뮤니케이션 과정을 거쳐야 한다. 그렇게 서로의 스타일을 파악했다 하더라도 프리랜서에게 발주하는 일은 사안마다 새로운 일일 경우가 많기 때문에, 각자 머릿속에서 그리는 것과 결과물이 완벽하게 일치하기란 힘들다.

때로는 담당자도 충분히 구상을 못 한 상태에서 논의를 시작할 때도 있다. 이런 걸 만들고 싶은데 확실히 모르겠다며 오히려 조언을 요청하기도 한다. 그럴 때는 일을 하는 실무자가 회사의 기존 결과물을 면밀히 검토한 후 일을 해야 한다. 잡지 기사를 청탁받았다면 그 잡지의 성격을 파악하고, 담당기자의 스타일도 분석할 필요가 있다. 광고 일을 맡았다면 기존의 광고를 완벽히 분석하고 역시 담당자의 기호도 파악해야 한다. 그런데 S는 자신의 실력을 과신해 그동안 해오던 방식대로 일을 했고, 결국 일이 어그러지고 말았다.

보편적인 것도 중요하지만, 반드시 일의 성격과 일을 준 사람의 기호를 파악하고, 그쪽에서 요구한 사항이 무엇인지 면밀히 따져야 한다. 그리고 그 일을 어떤 의도에서 의뢰했고 어떤 용도로 사용하는지도 파악한 뒤 일을 시작해야 한다. 완성품이 어떻게 사용될지 모른 채 일하면 제대로 된 결과물을 내놓을 수 없다.

맡은 일을 제대로 완성시키지 못하는 것은 프리랜서나 직장인이나 프로답지 못한 행동이다. 앞에서 이미 강조했듯, 충분히 기량을 갈고 닦아 독자적으로 일을 맡게 되었을 때는 어떤 경우든 완제품을 만들어 대령해야 한다. 그래야만 '밥 값하는 프로' 대접을 받을 수가 있다. 그리고 이는 소통을 통해 회사와 상사의 '스타일'을 속속들이 파악하고 있어야만 가능하다는 것을 잊지 말아야 한다.

communi-
cation

소통은 '거저' 되지
않는다

●   국제적인 연구소 하바스 미디어랩의 소장인 우메어 하크가 쓴
《새로운 자본주의 선언》을 읽다가 흥미로운 조사 결과를 발견했다. 런
던정치경제대학교 경제학자 리처드 레이어드 교수가 '사람들을 가장
행복하게, 가장 불행하게 만드는 것은 무엇인가'를 조사한 내용이었
다. 여러분은 어떨 때 가장 행복하고, 어떨 때 가장 불행한가?

조사 결과에 의하면, 사람들은 '편히 쉬거나, 사회적 교제를 하거나,
섹스를 할 때' 가장 행복하다고 답변했다. 가장 행복하지 않은 세 가지
활동으로는 '출근하는 것, 직장에 있는 것, 퇴근하는 것'을 꼽았다. '누
구와 교류할 때 가장 덜 행복한가?'라는 조사의 결과는 '고객들을 대
할 때, 혼자 있을 때, 직장 상사와 교류할 때' 순으로 집계됐다. 한마디
로 '직장에 다니는 것이 행복하지 않다'는 결론이다. 출근하고, 일하고,
심지어 퇴근하는 것도 싫고, 직장 상사와 교류하는 것도 싫다면 결국
직장에 다니는 것 자체가 싫다는 뜻 아니겠는가. 하지만 아이러니컬하

게도 직장에 들어가고 싶은 사람은 너무나 많고, 직장을 그만두게 될까 봐 걱정하는 사람 역시 많은 세상이다.

어떻게 하면 가장 즐거운 일을 '출근하는 것, 직장에 있는 것, 퇴근하는 것'으로 꼽고 '직장 상사와 교류할 때'를 가장 행복한 순간으로 꼽을 수 있을까. 열쇠는 '소통'에 있다. 소통이 잘되지 않기 때문에 직장 상사와 교류할 때 가장 행복하지 않은 것이다.

나 역시 상사와의 갈등 관계에 놓일 뻔한 적이 있다. 프리랜서로 일하다 입사 제의를 받은 적이 몇 차례 있다. 그때마다 결정을 내리지 못한 이유는 진행 중인 여러 가지 일이 걸림돌이 되어서였다. 프리랜서 생활이 길어지다 보면 장기로 진행하는 일이 많은데, 나 같은 경우에는 주로 회사와 계약해 진행하는 단행본 작업이나 사사 작업 같은 프로젝트를 했다.

두 번에 걸쳐 같은 회사로부터 진지하게 입사 권유를 받았다. 분사를 해 신규인력이 필요한 상황인지라, 오래 일을 한 내가 합류하면 좋겠다고 판단했기 때문일 것이다. 대표의 권유가 있었고, 팀장은 따로 불러서 신생회사이니 주식 배분도 있을 거라는 '당근'까지 제시했다. 이리저리 걸린 일이 많았지만 오래 일한 사람들의 요청이라 뿌리치기가 힘들었다. 그래서 회사의 다른 분과 상의를 했다. 내 담당자로 오랫동안 친분을 쌓아온 관계였다. 내가 입사 의사를 타진했을 때 그분이 이런 말씀을 들려주셨다.

"지금까지 네가 우리 일을 잘해주었기 때문에 그런 요청이 온 거다.

그건 네가 능력이 있다는 뜻이 될 수도 있지만, 한편으로는 우리가 너에게 맞는 일만 맡겼다는 의미도 된다. 지금까지는 네가 일을 골라서 할 수 있었지만, 회사에 들어오면 꼭 그렇게 되지 않을 수도 있다. 네가 잘하는 분야를 우선으로 맡기겠지만, 잘 알다시피 일이라는 게 우리 스케줄대로 움직여지는 게 아니기 때문이다. 그리고 지금까지는 네가 바쁘면 거절을 할 수도 있었지만 직원이 되면 명령에 무조건 따라야 한다. 야단도 맞고 때로는 인격 모독도 당할 수 있다. 오랫동안 얼굴 붉히지 않고 일했지만 입사하면 관계가 달라진다는 걸 명심해라."

그 말을 듣고 곰곰이 생각해봤다. 직장이라는 테두리 안에 들어가면 상사와 부하로 연결되어 한 배를 타고 가야 한다. 한마디로 회사 규율 안에서 명령에 따라 움직여야 하는 것이다. 좋았던 관계가 얼굴 붉히는 관계로 바뀔 수 있다는 점에서 자신이 없었고, 이미 자유롭게 일하는 데 익숙해진 상황에서 조직생활을 잘해낼 수 있을지 의문이었다. 결국 입사하지 않기로 결정하고 프리랜서로 남았다. 원활히 소통하기 위해서 얼마나 많은 것들을 담보해야 하는지 새삼 깨달을 수 있었다.

전 직장과 현 직장에서 모셔야 하는 상사의 유형이 너무 달라 크게 고생하는 이들도 있다. G가 그런 경우였다. 남자들이 대부분인 직장에서 남자 상사와 일한 G는 여자들이 더 많은 직장으로 옮겨 여자 상사 밑에서 일하면서 6개월 정도 엄청난 고충을 겪었다. G는 그 6개월 동안 회사를 그만둘 생각을 몇 번이나 했지만 결국 견뎌냈고, 2년이 된 지금 그 직장에 잘 적응하고 있다. 그 비결은 무엇일까? G는 6개월쯤 지났을 때 너무나 단순한 사실을 깨달았다고 한다. 바로 '남성 리더십과 여성 리더십은 다르다'는 것이었다. 그 사실을 알고 난 뒤에는 스스로 대처 방법을 찾았다고 한다. G가 파악한 바를 요약하면 이런 내용이다.

"남자 상사들은 한 번 지시를 하면 결과가 나올 때까지 가만두지만 여자 상사는 수시로 보고해주길 원한다. 나중에 결과물이 잘못 나왔을 경우 남자 상사는 가혹한 처벌을 내리기 때문에 무섭다. 여자 상사는 중간중간 점검해서 결과물이 좋게 나올 수 있도록 유도한다. 대신 과정이 너무 피곤하다. 결과가 나오면 남자 상사는 '이렇게 했으면 더 좋았을 것 같다'는 식으로 피드백을 해주고, 실수한 것은 한 번 지적한 뒤 재차 거론하지 않는다. 하지만 여자 상사는 비슷한 실수가 나오면 예전의 실수까지 거론하며 잔소리를 한다. 마음에 들지 않으면 여자 상사는 한 번 야단치는 것으로 끝나지 않고 계속 야단을 친다.

그런가 하면 남자 상사는 한번 결정한 건 그대로 밀고 간다. 결과가 나온 다음에 바꾸는 한이 있더라도 일단 끝까지 간다. 여자 상사는 더 좋은 대안이 있으면 중간에 바꾸기도 한다. 남자 상사는 사생활에 별 관심이 없으나, 여자 상사는 집안 내력까지 다 알고 싶어 한다. 전화가 오면 내용을 듣고 있고 업무 이외의 시간에 뭐하고 지내는지 관심을 갖는다. 여자 상사들이 그렇게 하는 건 개인적인 호기심인 경우도 있지만 업무에 지장이 있나 없나 살피려는 의도도 있다."

G가 내린 총평은 여자 상사는 피곤하지만 인간적인 면이 있다는 것이다. 관계 안에서 덮어주고 이해하면서 끝까지 안고 가야 한다는 뜻

이다. 하지만 남자 상사는 단호하다. 마음에 안 들면 다른 자리로 보내거나 잘라낸다. 평소 포커페이스로 표시를 내지 않다가 최종적으로 판단해 결정을 내린다. 남자 상사들은 '너 없어도 사람 또 있다'고 생각하는 스타일이라는 게 G의 판단이다.

여자 상사들은 일의 진행 과정에서 수시로 소통하기를 원하지만, 남자 상사들은 소통보다는 결과를 중요하게 생각하는 경우가 많은 듯하다. 단, 남자 직원들은 남자 상사들과 밖에서 소통하는 경우가 많다. 주당들끼리 밤마다 너무 소통(?)을 하는 바람에 낮에 업무에 지장을 받는 경우를 종종 목격했다.

물론 반대인 여자 상사와 남자 상사도 얼마든지 있을 것이다. 당연한 이야기지만 상사라는 직책은 같아도 성별에 따라, 혹은 개개인의 성격에 따라 모두 다르기 때문이다. 그렇기에 상대의 특성을 잘 관찰하고 이를 바탕으로 그 성향을 파악해야 한다. G는 6개월 정도 지나 여자 상사를 파악한 이후에는 한결 일이 편안해졌다고 한다. 역시 거저 되는 소통이란 없다.

G는 일을 하면서 수시로 보고하고, 사무실 내에서는 개인적인 전화를 가능한 한 하지 않되 사생활을 알고 싶어 하는 상사를 위해 출근하면 먼저 어제 있었던 일을 꺼내서 가끔 상의했다고 한다. 그래도 피곤한 일이 많았지만 처음보다는 훨씬 나아졌다며 웃었다.

일일이 간섭하지 않고 믿고 맡겨주는 상사가 좋다는 직원도 있고, 중간중간 점검해주는 상사가 좋다는 직원도 있다. 부하직원 입장에서 보면 남자 상사와 여자 상사가 반반 섞이면 좋을 것 같다. 너무 피곤하게 하지 않는 선에서 중간중간 점검하면서 좋은 결과가 나오게 지도해주는 상사가 가장 바람직하지 않을까. 상사가 내 마음처럼 움직여주지 않는다면 목 마른 사람이 우물을 파야 한다. 상사를 소통의 무대로 초대하는 것이다. 상사가 나서서 소통한다면 좋겠지만 그렇지 않다면 지혜롭게 먼저 시도해야 한다.

입사 제의를 받고 고민할 때, 세상 모든 관계 가운데 가장 힘든 것이 '직장에서 맺어진 관계'라는 생각을 했다. 가정, 학교, 친목단체, 종교단체 등은 친밀감을 바탕으로 하기 때문에, 자연스러운 소통을 할 수 있다. 그러나 회사는 다르다는 것을 새삼 느꼈다. 서로 노력하고 힘써야 가능한 일이므로, 힘들겠지만 내가 먼저 나서서 소통의 물꼬를 터보는 건 어떨까? 이 세상에 '거저' 되는 일이란 없기 때문이다.

PART 4

끊임없는 업그레이드만이 살길이다

세상은 빠르게 변한다

SELF-MANAGEMENT

'젖은 낙엽' 정신으로
버텨라

●   40대 은퇴가 낯설지 않은 시대다. 수명은 길어지는데 은퇴 시기는 빨라지면서 일찌감치 인생 이모작을 준비하는 사람도 있지만, 느닷없이 닥친 은퇴 앞에서 당황하는 사람도 많다. 뚜렷한 정년이 없는 프리랜서의 은퇴 시기는 언제일까. 20대여도 부르는 사람이 없으면 끝나는 거고, 70대여도 부르는 데가 많으면 얼마든지 현역으로 뛸 수 있는 게 프리랜서다.

그래서인지 후반기 인생이 걱정되어 적당한 시기에 은퇴를 하고 프리랜서로 나서고 싶다는 직장인들이 많다. 그러나 은퇴 시기는 스스로를 객관화시켜 면밀히 판단하고 정해야 한다. 조직생활이 잘 맞는 사람은 가능하면 끝까지 회사에 남아 있다가 퇴직 후에도 비슷한 업종으로 옮겨가서 직장생활을 계속하는 것이 낫다. 프리랜서의 세계도 직장만큼이나 만만하지 않기 때문이다.

혼자서 세상과 마주해야 하는 프리랜서는 한동안 광야 생활을 거쳐야 한다. 아무런 보장도 없는 허허벌판에서 고군분투해 자기 자리를 찾아야 하는데, 그걸 견딜 만한 힘과 담력과 의지가 있어야 한다. 무엇보다 강인한 성격을 지녀야 한다. 심약하고 우울한 성격이면 견디기 녹록지 않다. 각오가 단단해도 외부적 변수가 많기 때문에 신중하게 결정해야 한다. 회사에 오래 다니는 것, 프리랜서로 살아남는 것, 둘 다 쉽지 않은 일이다.

"젖은 낙엽 정신으로 버텨라."

개그우먼 박미선 씨가 인터뷰 때 한 얘기다. 그녀의 '젖은 낙엽' 정신은 직장인이든 프리랜서든 귀담아 들을 만하다. 박미선 씨는 동료 개그맨들이 가장 닮고 싶어 하는 인물이다. 연예계 전문가들이 '강호동 은퇴 이후 오락 프로그램을 이끌어갈 대표 MC 10인'을 선정했는데, 여성으로서는 유일하게 박미선 씨가 포함되었다. 그녀는 여성 가운데 독보적일 뿐 아니라, 최고의 남성 MC들과 견주어도 손색 없는 기량을 발휘하고 있다.

1988년 MBC 개그콘테스트를 통해 발탁된 박미선 씨는 20년이 지난 지금도 여전히 톱스타의 위치를 지키고 있다. 박미선 씨의 무기는 한마디로 '성실성을 바탕으로 한 철저한 자기관리'다. 박미선 씨는 데뷔 후 두 아이를 낳으면서 각각 한 달씩, 딱 두 달 쉰 것이 휴식의 전부다. 부침이 심한 방송가에서 그녀처럼 꽉 채워서 일한 사람을 찾기란 쉽지 않다. 개그우먼으로 데뷔했지만 처음부터 MC의 꿈이 있었던 그녀는 데뷔 3년차부터 MC를 병행했는데, 정확한 발음과 순발력 있는 진행으로 2007년 KBS에서 TV 진행부문 바른언어상을 받기도 했다. 요즘은 주로 MC로 활약하지만 가끔 드라마에 출연해 양념 역할도 톡톡히 하고 있다.

연예인은 대중의 인기와 사랑을 먹고 사는 이들이다. 대중을 실망시키지 않도록 '철저한 자기관리'를 해야 꾸준히 사랑받을 수 있다. '자고 일어나니 유명해졌다', 누구나 꿈꾸는 일이다. 하지만 급히 먹은 밥은 체하기 마련이다. 그래서 폭발적인 인기로 단숨에 톱스타 자리에 올랐다 잊히기보다는 꾸준한 인기를 누리며 평생 사랑받기 원한다는 연예인이 훨씬 많다. 박미선 씨는 그런 면에서 동료 연예인들의 부러움을 한몸에 받고 있다.

그녀도 '자고 일어나니 유명해진' 것처럼 폭발적 인기를 누리던 시기가 있었다. 1990년대 중반 시트콤 〈순풍 산부인과〉에 출연할 때다. 당시 최고의 인기를 구가했던 그녀는 그때를 자신의 최전성기로 꼽으며 "내 스케줄에 맞춰서 녹화를 했을 정도다. 세상이 내 것인 줄 알았다"고 고백했다. 그랬던 그녀에게 2005년경부터 메인MC가 아닌 패널 제의가 들어오기 시작했다. 자존심이 용납하지 않아 거절했는데, 〈세상에 이런 일이〉에서 패널 제의가 오자 고민하다 맡기로 했다. 그때 그녀는 '방송국을 직장이라 여기고 꾸준히 다니는 것이 중요하다'로 생각을 바꿨다고 한다.

그녀가 제2의 전성기를 맞은 것은 2006년부터다. 〈해피투게더〉에서 '한 달 고정MC' 제안이 들어왔을 때 자존심이 상했지만 일단 응했다.

한 달간 지켜보다 못하면 아웃될 처지였는데, 동료 MC 박명수 씨를 웃기기 위해 확실히 망가지면서 버텨냈고, 고정MC가 되었다. 그 후 〈명랑 히어로〉, 〈세바퀴〉 등의 프로그램에서 MC를 맡았고, '줌마렐라가 탄생했다'는 찬사가 쏟아졌다.

박미선 씨는 프리랜서 아나운서들이 프로그램에서 줄줄이 하차하면서 '프리랜서 위기설'이 대두되었을 때 '위기를 기회로 바꾸면 된다'는 긍정적인 생각을 했다고 전한다.

"어디나 마찬가지겠지만, 방송은 어떻게든 '버티는' 사람이 이긴다. 특히 여자들은 나이가 먹을수록 운신의 폭이 점점 좁아진다. 어떻게든 적응해야 한다. 자신이 메인으로 리드하다가 조연이 되면 눈치봐가면서 자기 역할을 찾아야 한다. 그렇다고 주인공을 침범해서도 안 된다. 지켜야 할 룰이 있다."

프로그램을 맡을 때마다 깐깐하게 자신의 역할을 체크하고 철저한 준비를 해온 그녀의 살아 있는 노하우다. 그녀는 프리랜서를 '젖은 낙엽'에 비유했다.

"착 붙어서 절대 안 떨어지는 젖은 낙엽이 되어야 한다. 밟혀도 밟혀도 살아남는 인동초 같아야 버틸 수 있다. 개길 때 개기더라도 숙일 때는 확실히 숙여야 한다. 정상에 있으면 내려갈 때도 있다는 걸 기억해야 한다. 느닷없이 확 꺾이는 순간이 온다. 그때를 잘 대비해야 한다."

박미선 씨는 앞으로 맡겨주는 일은 뭐든지 가리지 않고 즐겁게 하겠다고 말했다.

프리랜서에게 전성기란 언제 끝날지 모르는 호시절이다. 직장인도 크게 다르지 않다. 언제까지 자신의 직책을 유지하며 일할 수 있을지 모르는 노릇이다. 그러므로 어느 자리에서든 열심히 하면서 자기 위치를 지키는 것이 최선이다. 자존심 세우며 확 털고 일어나는 게 대수가 아니라는 사실을 잊지 말아야 한다. 자신을 필요로 하는 곳에서 견딜 수 있을 때까지 견뎌야 한다. 프리랜서로 큰 성공을 거둔 박미선 씨의 비결은 한 때의 인기에 연연하지 않고, 방송국을 직장이라 생각하고 꾸준히 달린 것이다. 지금 내가 있는 자리에서 흔들리지 말고 버티며, 스스로를 잘 관리해야 한다.

꼬리가 길면
잡힌다

●   직장생활하는 사람들은 "답답하다. 프리랜서로 일하고 싶다"
고 말한다. 그런가 하면 프리랜서들 중에는 좋은 실적을 내서 직장에
진입하고 싶어 하는 사람들이 있다. 직장생활을 하다가 프리랜서로 나
선 뒤, 다시 직장으로 돌아가는 사람들도 많다. 프리랜서라지만 '객원'
이나 '겸임' 등의 타이틀을 갖고 반은 직장인, 반은 프리랜서로 활동하
는 사람들도 꽤 된다. 엄밀하게 따져 거래처가 정해져 있지 않은 완벽
한 프리랜서는 드물다. 어떻게 보면 프리랜서들도 반은 직장인이라고
할 수 있다.

직장인들은 답답한 반면 안정되고, 프리랜서는 자유로운 반면 불안
하다. 직장에서든, 프리랜서 세계에서든 일을 하다 보면 어느 순간 위
기가 찾아오기 마련이다. 사람들과의 관계, 업무, 금전적인 부분… 내
가 아무리 잘하려고 노력해도 상황상 그렇게 되는 경우가 많다. 그러니
구태여 스스로를 위기 속으로 몰아넣을 필요는 없다. 그런데 의외로 많

은 사람들이 자기 손으로 자기 발밑에 구덩이를 판다.

스스로를 위기로 몰아넣는 몇 가지 중에서 가장 중차대한 것은 '거짓말'이다. 직장에서든, 프리랜서의 세계에서든 거짓으로 포장하면 위기에 처하게 된다. 무슨 일이든 꼬리가 길면 잡히게 되어 있다. 특히 SNS 시대에 거짓말을 했다가는 바로 들통나서 망신을 당하게 된다. 거기서 끝나지 않고 업계에서 영영 매장될 수도 있다.

프리랜서의 능력을 판단하는 기준은 그간의 포트폴리오다. 그래서 일을 의뢰하는 회사에서 포트폴리오를 포함한 이력을 보내달라는 경우가 많지만, 증빙서류까지 요구하는 경우는 거의 없다. 나중에 비용 지급을 위해 통장과 주민등록증 사본을 보내달라는 정도다. 그러다 보니 학력이나 이력을 속인 케이스가 많았다. 몇 년 전 학력을 속인 사람들이 된서리를 맞았는데, 개중에는 유명한 프리랜서도 몇몇 속해 있었다.

예를 들어 작은 기획사에서 큰 회사의 일을 수주하기 위해 그 일을 진행할 멤버들의 이력을 보내야 할 때가 있다. 입사하는 것은 아니니 증명서까지 첨부할 필요는 없다. 그 점을 악용해 대수롭지 않게 거짓말을 하는 경우가 왕왕 있는데, 이 때문에 나중에 좋은 기회가 왔을 때 발목이 잡힐 수도 있다.

때로는 남의 이력을 빌려가는 사람들도 있다. 어떤 프로젝트를 따려고 하는데 필자가 여럿 필요하니 내 이력을 함께 넣어도 되겠냐고 요청하는 사람들이 종종 있었다. 부탁을 거절할 수 없어 몇 번 그렇게 하라고 했지만, 도의에 맞지 않을뿐더러 얘기가 돌다 보면 "일이 얼마나 없으면 온 동네를 기웃대나"라고 할 것 같았다. 그래서 그다음부터 그런 요청에 응하지 않았다.

이런 부탁을 하는 사람도 있었다. 내가 쓴 김장환 목사 평전을 자신이 쓴 걸로 해서 모처에 기획서를 내려고 하는데 허락해달라는 것이었다. 말도 안 되는 제안인 데다 그렇게 해줄 방도도 없었다. "그건 김장환 목사님의 1인칭 자서전이 아닌 3인칭 평전이다. 《김장환 목사 이야기》책 표지에 내가 필자로 명기되어 있다." 그러자 "아 그러냐, 몰랐다. 미안하다"며 슬그머니 전화를 끊었다. 행여 남의 이력을 빌려 일을 수주했다가 나중에 담당자가 알게 되면 어쩔 것인가.

직장인들은 입사할 때 각종 서류를 제출하기 때문에, 거짓말을 하는 예는 그리 많지 않다. 하지만 입사 이후 때때로 이력에서 문제가 생기는 경우가 있다. 대단한 이력인 줄 알았는데, 짧은 연수를 받은 것에 불과하다든지 하는 경우다. 이런 사실이 밝혀지면 신뢰를 잃고, 최악의 경우 해고 사유가 된다. 실력으로 만회하면 되겠지만 대개의 경우 그렇지 못하니 문제가 되는 것이다. 실력이 있다면 애초에 거짓말도 하지 않았을 것이다. 그러니 매사에 투명해야 한다. 투명성은 정치인에게만 적용되는 문제가 아니다.

입사할 때뿐 아니라 평소에도 학력이나 경력을 속였다가는 나중에 낭패를 당할 수 있다. 일을 하다 보면 자천타천으로 입사 권유를 받거나 영입 제의가 오기도 한다. 프리랜서로 일하고 있다가 월급도 많고 영향력도 있는 회사에서 영입 제의가 온다면 마다할 이유가 없다. 그런 회사를 다니면 나중에 다시 프리랜서로 나섰을 때도 도움이 되기 때문이다. 자리가 잘 나지 않는 회사의 경우 입사를 목표로 최선을 다하는 프리랜서들도 있다. 전문서적을 낸 후 관련업체의 요청으로 회사에 들어가는 사람들도 있다.

회사를 그만두고 프리랜서로 뛰던 Z는 몸 사리지 않고 열심히 일을 해 메이저급 회사로부터 입사 권유를 받았다. 그런데 문제가 발생했다. 처음에 자신이 담당자에게 말한 이력이 실제와 다른 부분이 몇 가지 있었던 것이다. 그 회사 대표는 Z의 능력을 높이 샀으나 구성원들이 "진실성이 의심되는 사람과 같이 일할 수 없다"고 반대해 결국 입사가 좌절되고 말았다. Z로서는 절호의 기회를 놓친 것이다. Z 입장에서는 자신의 조건으로는 감히 꿈꿀 수 없는 직장이어서 입사 제안을 받으리라곤 상상도 못했을 것이다. 그 회사 대표는 Z의 조건이 아니라 열정을 보고 입사시키려고 한 것이니 상관없다고 했으나, 현장에서 함께 일할 동료들이 반대하니 대표도 어쩔 수 없었다. 결국 Z는 그곳에서 프리랜서로도 일할 수 없게 되었다.

거짓은 언젠가 탄로가 나고, 아무리 능력이 뛰어난 사람이라 하더라도 신뢰가 깨지면 더 이상 설 자리가 없다. 서류를 제출할 필요가 없는 자리라 하더라도 절대 이력을 속이면 안 된다. 의심스러우면 어떤 방법으로든 검증을 하기 때문이다.

학력이나 경력뿐 아니라 사생활도 투명해야 한다. 회사에는 밝히지 않는다 하더라도 적어도 자신의 상사에게는 형편을 알려야 하는데, 그러지 않아 나중에 문제가 되는 경우가 있다. 좋지 않은 사생활이 밝혀져 회사를 그만두는 경우도 종종 목격했다.

"묻지 않았기 때문에 말하지 않았을 뿐이다"라고 변명하는 것은 오히려 화만 키운다. IT업계 대표주자로 언론의 주목을 받던 L씨는 젊은 시절 이혼을 했으나 늘 언론에 미혼으로 소개되었다. 그러던 중 누군가가 언론사에 그녀의 이혼 전력을 제보했고, 그녀의 과거가 주간신문 2면에 걸쳐 낱낱이 파헤쳐졌다. 아들이 있고, 이혼 이후 아들을 찾지 않았다는 내용까지 있었다. 주간지 기자가 그녀에게 왜 미혼이라고 했는지 물었을 때 그녀는 "미혼이라고 하지 않았다. 이혼했다는 말을 하지 않았을 뿐이다"라고 답했다.

그러나 이혼한 사실을 밝히고 싶지 않았다면 인터뷰할 때 담당 기자에게 솔직히 말하고 "결혼 관련 내용은 빼달라"고 하는 게 맞다. 계속 미혼으로 소개되는 걸 그대로 둔 건 결과적으로 거짓말을 한 것과 다름없는 일이다. '거짓말쟁이'라는 가장 나쁜 꼬리표를 달고 싶지 않다면, 사실이 아닌 일이 퍼져나가는 것은 미리 막아야 한다.

"하루를 행복하게 살고 싶으면 이발을 하고, 일주일을 행복하려면 결혼을 하고, 한 달을 행복하려면 말을 사고, 1년을 행복하고 싶으면 새 집을 사라. 일평생 행복하고 싶으면 정직한 사람이 돼라"는 영국 격언이 있다.

거짓말을 하면 일단 머리가 아프다. 한 번 거짓말을 하면 다른 것들도 그에 맞춰 머릿속에 다시 세팅해야 한다. 그렇게 거짓말에 거짓말이 꼬리를 물게 되고, 꼬리가 길면 결국 잡힌다. 투명하게 관리하지 않으면 어느 순간 그것이 족쇄가 되어 자신이 쌓은 것을 한꺼번에 무너뜨릴 수 있다. 살면서 실수를 할 수도 있고, 기억하고 싶지 않은 일을 겪을 수도 있지만, 그것을 숨기려고 할 때 더 나쁜 결과가 발생한다. 평소 관리를 잘하는 것이 중요하고, 피치 못할 일이 생겼다 하더라도 거짓말을 하는 것은 금물이다.

거짓말로 잃은 신뢰는 회복하기 힘들다는 걸 늘 명심해야 한다. 가끔 함량 미달품을 납품하더라도 그동안 쌓아온 신뢰가 있다면 다시 기회를 얻을 수 있지만, 거짓말을 했다가 신뢰를 잃으면 거래는 그것으로 끝나버린다. 이는 프리랜서의 세계에서만 통용되는 룰이 아니라, 직장에도 깔려 있는 룰이다. 어떤 순간에도 거짓말을 해서는 안 된다. 한 번 거짓말을 해 꼬리표가 붙으면 그 사람은 나중에 좋은 기회가 와도 결코 잡을 수 없음을 명심하고, 직장 내 자신의 신뢰를 공고히 쌓아야 한다.

self-
manage-
ment

'상사의 리스트'에
이름을 올려라

●   이름을 알리는 건 굉장히 힘든 일이다. 그런데 힘들게 이름을 알리고 나면 조심해야 할 일이 한두 가지가 아니다. 무엇보다도 불명예스러운 '리스트'에 오르지 않도록 각별히 유의해야 한다. 사건이 터졌다 하면 이전에 있었던 유사한 사건의 리스트가 주르륵 뜬다. 어찌나 일목요연하게 정리가 잘되어 있는지 기억 저편으로 사라진 사건까지 선명하게 떠오르게 해줄 정도다. 그러고 보면 리스트라는 것은 상당히 잔인한 문건이다. 한 번 잘못한 일이 있으면 마치 굴비처럼 평생을 엮여 다녀야 하니 말이다.

리스트란 내 '평판'의 척도다. 혼자 일하지 않는 이상, 사람들에게 내가 어떻게 보이는지 가늠할 수 있는 것이 평판이고, 평판을 잘 관리하는 것은 곧 내 커리어를 관리하는 일이 된다.

프리랜서 시장에서도 리스트가 떠다닌다. 클라이언트 쪽에서 작성한 리스트와 프리랜서 쪽에서 작성한 리스트, 종류는 두 가지다. 클라이언트가 다시 일하고 싶은 프리랜서 목록을 갖고 있다면, 프리랜서는 다시 일하고 싶지 않은 클라이언트 목록을 작성한다. 담당자는 관리를 잘해야 능력 있는 프리랜서와 일할 수 있고, 프리랜서는 일을 잘해야 또 기용될 수 있다. 서로 존중하면서 다 같이 최선을 다해야 하는 것이다.

그런가 하면 회사 직원들 사이에도 블랙리스트가 존재한다. 프리랜서로 일하면서 한 회사를 지속적으로 드나들다 보면 '폭탄', '지뢰', '진상'이 누군지 저절로 알게 된다. 누가 열심히 일하는지, 안 하는지도 다 알 수 있다. 하물며 함께 근무하는 직원들이야 말을 안 해서 그렇지, 훤하게 꿰고 있을 것이다. 회사 내에서 평판이 좋지 않아봐야 득 될 것 하나 없다. 더욱이 업계는 생각보다 좁아서, 지금 다니는 회사에서의 평판은 다른 회사로 이직해도 꼬리표처럼 따라붙게 된다. 그러므로 초기부터 철저하게 관리해두는 것이 좋다.

프리랜서 초창기에 기고했던 여성잡지의 편집장은 화이트보드에다 기자들의 이름을 적고, 그 밑에 그 달에 써야 할 기사제목을 적어두었다. 한 기자당 대개 10꼭지 내외의 기사가 배당되었는데, 직접 써야 하는 기사와 필자로부터 받아야 하는 기사까지 포함해서 그 정도였다.

내 담당기자였던 여기자는 굉장히 부지런해서, 다들 마감으로 끙끙댈 때 생글거리며 놀고 있었다. 내가 갖고 온 기사만 넘기면 된다며 회사 지하에 가서 간식을 사주곤 했다. 그때쯤 되면 다른 기자들도 한두 꼭지 정도 남겨두기 마련이었는데, 유능한 기자로 알려진 취재팀의 J기자는 많게는 다섯 개, 적어도 세 개의 기사를 처리하지 못한 것으로 늘 적혀 있었다.

1990년대 중반이었던 그 당시에도 컴퓨터로 기사를 작성하는 게 일반적이었지만 J기자는 원고지에다 기사를 썼다. 그것도 천천히, 또박또박 작성하다가 획 하나라도 비뚤어지면 마지막 방점을 찍기 전에 획 구겨버리곤 해서 지켜보던 다른 사람들을 더 통탄하게 만들었다. 편집장이 J기자를 보면서 한숨을 푹푹 쉬던 일이 아직도 생생하게 떠오른다. 내가 지켜본 데 따르면, 마감 때 시달리지 않고 팔팔한 기자들이 결국 편집장이 되었다. 일을 미루지 않고 빨리 처리하는 것은 상사에게 어필할 수 있는 중요한 능력에 속한다.

자신이 혹시 상사의 블랙리스트에 올라 있는 건 아닌지, 스스로를 점검해봐야 한다. 블랙리스트에 올라 있다는 건 자신의 가능성을 막는 일이다. 상대가 선입견을 갖고 바라보니, 웬만큼 노력하지 않고는 그 굴레를 벗을 수 없기 때문이다. 초기부터 철저하게 자신의 평판을 관리해야 한다.

블랙리스트에 오르는 건 피해야 하지만, 추천리스트에 오를 수 있다면 그 이상 좋은 일이 없다. 사보 담당자들은 콩트를 청탁할 때 "재미있게 잘 쓰는 작가들을 추천해달라"고 요청한다. 자신들의 리스트에 올리기 위해서다. 부탁을 받은 이들도 혹여 내가 추천한 사람이 마음에 안 들면 안 되니 심사숙고해 추천한다. 사석에서 공통적으로 하는 얘기는 "아무리 친해도 일 앞에서는 냉정하게 된다. 추천을 해달라는 것은 상대가 나를 신뢰한다는 의미이기 때문에, 내 신뢰도에 금이 가지 않도록 실력 있는 사람을 추천한다"는 것이다. 그만큼 추천리스트에 이름을 올리기가 쉽지 않다는 뜻이다.

CEO나 팀장들과 대화하다 보면 "우리 직원 중에 이런 사람이 있다"고 이야기를 늘어놓는 일이 종종 있다. 우리 회사에, 내 부하 중에 이런 실력자가 있다고 자랑하는 것이다. 때로는 당사자를 불러 인사시키기도 한다. 특히 신입사원이 들어오면 "이번에 똘똘한 친구가 들어왔다"며 대놓고 내세우기도 한다.

모 잡지사 편집장은 중량감 있는 인사를 인터뷰하거나 만나러 갈 때 신임하는 기자를 꼭 데리고 갔다. 몇몇 기자가 리스트에 올라 돌아가면서 불려 나갔는데, 경력기자인 Y가 들어온 이후로는 편집장이 Y만 데리고 나갔다. 한번은 편집장이 거물급 정치인을 인터뷰하는 자리에 정리하는 역할로 내가 따라가게 되었다. 그런데 그 자리에도 Y를 데리고 왔다. 그 정치인에게 같이 간 나와 Y를 인사시키며, Y를 유능한 기자라고 소개했다. 어느 학교 출신이며, 그동안 어떤 특종을 했다는 이야기도 곁들였다. 그건 곧 '내가 이렇게 대단한 부하를 데리고 일한다. 그러니 그 상관인 나는 얼마나 능력이 있는 사람인지 알아주었으면 좋겠다'는 의미다. 나중에 Y는 몇 명의 선배를 제치고 그 편집장의 뒤를 이어 편집장이 되었다.

호서대, 명지대 총장, 한국전력 고문 등을 역임한 정근모 전 과학기술부 장관은 자리를 옮길 때마다 꼭 비서를 데리고 간다. 언젠가 인터뷰를 하기 위해 만나기로 한 날이었다. 약속 장소로 갈 준비를 하고 있는데 비서로부터 전화가 왔다. "우리 장관님께서 지금 마포대교를 지나고 계십니다. 아직 늦은 건 아니지요? 걱정되어서 전화드렸습니다." 사실 그 비서가 하고 싶은 말은 "지금 우리 장관님이 출발하셨으니 당신 늦지 말고 약속 장소에 나오시오"이지 않겠는가.

상사가 "저 친구에게 일을 맡기면 확실한 결과가 나온다." "내가 다른 부서로 갈 때 꼭 데려가고 싶은 사람이"라는 평가를 받는 구성원이 되어야 한다. 일을 잘하면 외부에서 상사에게 칭찬을 하기 마련이다. 칭찬받는 사원에게 사랑이 쏟아지고 대우도 좋아진다. 평가의 세계는 냉정하다. 매사에 열심을 다하는 게 살아남는 길이다.

자녀가 제 몫을 잘해내면 흐뭇해하는 부모처럼, 상사는 '잘난 부하'를 사랑한다. 잘난 부하가 치고 올라올까 봐 견제하는 상사, 아부하는 부하만 좋아하는 상사라면 그 자리에 있을 자격도 없고, 오래 가지도 못한다. 실력 있는 상사라면 실력 있는 부하의 능력을 인정하고, 지원해준다. 상사가 배석시키고 싶은 직원, 리스트에 올려놓고 자랑하는 직원이 되어야 한다.

이러한 리스트는 철저하게 '평판'에 근거해 만들어진다. 그리고 그 평판은 회사 동료들, 특히 상사에 의해 결정된다. 이는 평소 자신의 업무 능력과 실력, 인성에 의해 판가름나는 것이므로, 하루아침에 쌓이는 게 아니다. 그러므로 평소 평판 관리의 중요성을 인식하고, 각별히 주의를 기울여야 할 것이다.

입을 꾹 다무는 게
나을 때도 있다

●   화를 잘 내는 사람, 트러블 메이커는 어디서도 환영받지 못한다. 프리랜서로 오래 활동한 사람이라면 일단 모나지 않은 사람이라고 인정해도 될 것이다. 경력이 오래된 프리랜서들은 대체로 화나는 일이 있어도 원만하게 마무리 지을 줄 안다. 시끄럽고 불만이 많은 사람에게 누가 일을 맡기겠는가. 발 없는 말이 천리를 가기 때문에, 다른 곳에서 문제를 일으킨 일도 금방 퍼져나간다.

직장인들도 마찬가지다. 아무리 고용이 안정적이라 하더라도, 일을 하면서 계속 트러블을 일으키면 불이익을 당할 수밖에 없다. CEO나 상사들과 이야기를 나눠보면, 원만한 성격의 부하직원을 선호한다. 당연한 일일 것이다. 매사 모나게 구는 성격보다는 둥글둥글한 성격이 편하고, 그런 사람과의 관계가 오래 가는 것이다. 자기 마음에 들지 않는다고 성격대로 해버리면, 옆에 있는 사람이 무척 피곤해진다. 자기 자신의 화를 스스로 관리할 줄 아는 것도 능력이다.

미국심리학협회장을 지낸 펜실베이니아 대학의 셀리그만 교수가 발표한 '실패친화지수'를 보면 겸손한 사람이 실패를 잘 견딘다고 한다. 반대로 교만한 사람은 실패를 견디기 힘들어한다. 자신이 평범한 사람이라고 생각하는 이들은 실패하면 노력해서 극복하지만, '내가 어떻게 실패할 수 있냐' '나는 실패를 못 받아들인다'는 사고를 가진 사람들은 자신과 주변에 화를 내면서 그 상처를 오래 끌어안고 있다는 것이다.

분노는 '불평'과 연관성이 있다. 불평할 것, 불만스러운 것이 있으니 분노가 터져 나오는 것이다. 불평하는 사람치고 감사하는 사람이 없다. 《탈무드》에 보면 '하나님은 감사하지 않는 사람을 따로 심판하지 않는다'는 말이 있다. 감사할 줄 모른다는 건 이미 심판받고 있다는 의미다. 감사는 없고 불평만 있다면, 그 마음이 얼마나 지옥이겠는가.

감사하는 마음을 갖고, 불평불만을 줄여야 한다. 그럼 자연스레 분노도 사그라진다. 만약 화가 난다 하더라도 업무와 관계된 장소에서 분노를 표출하는 것은 삼가야 한다.

분노를 토해내지 않기 위해서는 입술을 지키면 된다. 심기가 좀 불편하더라도 그날 하루 입을 꾹 다물고 있으면 어쨌든 시간은 흘러가고 마음은 사그라진다. 하지만 입을 잘못 열었다가는 분노와 불평을 쏟아내게 되고, 그렇게 되면 결국 상하는 것은 자신의 이미지일 뿐이다.

담당자들은 외부 프리랜서에게 말을 함부로 하지 않도록 신경 써야 한다. 특히 나이 어린 담당자들은 각별히 조심해야 한다. 경력이 많은 프리랜서들은 담당자 앞에서 감정을 잘 드러내지 않는다. 하지만 마음속으로 철저하게 카운트하고 있다는 걸 알아야 한다. 직급이 낮은 담당자가 프리랜서를 함부로 대했는데, 얼마 후 그 프리랜서가 상사와 편안하게 말을 트고 지내는 모습을 보게 될 수도 있다. 심지어 대표와 친분이 있는 경우도 있다.

예전에 여성잡지 신입기자가 유명한 미용실 원장을 몰라보고 함부로 대했다가 된통 당한 일이 있었다. 그간의 정리情理를 봐서 일을 계속 해주고 있던 거물급 외부 인사를 몰라보고 딱딱거리다가 수석기자에게 걸린 신입기자의 표정이 어떠했겠는가.

프리랜서들 중에는 거래처와의 관계를 끊고 싶어도 그간의 의리 때문에 어쩔 수 없이 일하는 경우가 있다. 그럴 때 젊은 담당자가 프리랜서의 심기를 건드리면 그야말로 화약고에 불을 붙이는 격이 되고 만다. 상사들도 '선생님'으로 부르며 잘 모시는 외부 인사를 함부로 대했다가는 수습이 불가능해질지도 모른다.

프리랜서들과 늘 트러블을 일으키는 담당자 H가 있었다. 그 업체에 드나드는 대부분의 프리랜서들이 H가 터트리는 분노의 화살을 맞았다. 그렇기에 매달 열흘에서 보름 정도 고정적으로 출근해서 일하던 프리랜서들은 H가 트집잡는 걸 '습관성'이라며 그러려니 하고 넘겼다. 그러나 가끔 오는 U만은 그 화살을 피해갈 수 있었다. U는 한 달에 한 번 정도 납품만 하고 가는 데다, H가 입사하기 훨씬 전부터 일한 소위 '거물급 프리랜서'인지라 H가 딱히 트집 잡을 일이 없었기 때문이다.

그런데 어느 날 H가 관심을 갖고 있던 일을 이미 U가 진행하고 있다는 소식을 들었다. U가 이미 상사로부터 수주한 일이었는데 H가 욕심을 냈고, 결국 U에게 "손 떼라"는 전화를 했다. U는 H에게 "알겠다. 그만하겠다"고 말한 뒤 바로 상사에게 "앞으로 그쪽 일 안 하겠다"고 선언해버렸다. 상사는 오랫동안 함께 손발을 맞춰왔던 중요한 프리랜서인 만큼 진상을 알아봤고, 결국 H와의 일이 밝혀졌다. 그렇지 않아도 평판이 좋지 않던 H에게 그 일이 치명타가 되었음은 불 보듯 뻔한 일이다. 갑甲이라는 유리한 고지에 서 있다고 해서 외부 인사들에게 함부로 화살을 쏘면 그것이 결국 부메랑이 되어 자신을 다치게 한다는 것을 명심해야 한다.

무엇보다도 자기 자신을 잘 다스려야 한다. 내키는 대로 하던 태도를 버리고 절제된 생활을 하는 것이 사회생활의 첫걸음이다. 그중에서도 화를 다스리는 것은 가장 기본이다.

어떤 심리학자들은 "화가 날 때는 화를 내라. 그래야 스트레스가 해소된다"고 하지만 화날 때 화를 다 내도 되는 직업은 많지 않다. 보통 화가 치밀어 오른 뒤 다시 가라앉는 데 90분이 걸린다고 한다. 근무시간에 한 번 화를 내면 1시간 30분이 날아가 버린다는 결론이다. 그런가 하면 폭발하기 직전에 1분만 참으면 대부분의 화는 가라앉는다고 한다. 화가 날 때 잠시 숨을 고르고 하늘을 보라. 그리고 1분만 참으라. 또 하나 분노를 다스릴 수 있는 주효한 방법은 '다 내 잘못'이라고 생각하는 것이다. 자기를 되돌아보며 내 잘못이라고, 내 실수라고 생각하면 화가 점차 가라앉는다. 상대가 잘못한 일도 내가 제대로 리드하지 못해서 그런 거라고 생각하면서 크게 심호흡을 해보는 건 어떨까.

'다투는 여인과 함께 큰 집에서 사는 것보다 움막에서 혼자 사는 것이 낫다'는 잠언이 있다. 화를 조절하고 관리할 줄 아는 것은 자기관리에서 가장 중요하고 꼭 필요한 일이다. 자신의 사적인 감정으로 공적인 업무와 인간관계에까지 피해를 입히면 곤란하다. 회사 내부 사람들에게도, 외부 사람들에게도 감정이 정돈된 모습을 보이는 것이 진정한 프로의 자세다.

경쟁자보다
더 빨리 실수하라

● '흐르는 물에 두 번 손을 씻을 수 없다'는 말이 있다. 똑같은 형태의 기회는 없다는 뜻이다. 한번 찾아온 기회를 놓치면 또다시 그런 기회는 오지 않을지도 모른다. 그런가 하면 NASA(미국항공우주국)는 실패한 경력이 있는 사람을 채용한다고 한다. 뜨거운 난로의 불판을 밟아본 고양이는 난로 근처에 얼씬도 하지 않는다. 실패를 경험해본 사람은 다시 실패하지 않는다는 뜻이다.

사람은 누구나 실패할 수 있다. 실패했다면 과감히 딛고 일어서면 된다. 실패를 통해 배울 점도 충분히 있을 테니 오히려 다행이다. 하지만 자존감이 너무 강한 사람이 실패를 할 때는 문제가 생긴다. 자신의 실패를 도무지 용납하지 못해, 평상심을 회복하는 데 매우 오랜 시간이 걸리기 때문이다. 자존감이 너무 약해도 문제지만, 너무 강해도 스스로 제어가 불가능하다. 천재 작가들이 대개 자살로 생을 마감한 것도 자존감과 관련이 있다고 한다.

실패가 잦다는 것은 심각한 문제가 될 수도 있다. 그러나 누구나 한두 번은 실패할 수 있으며, 고로 나도 실패할 수 있다는 것을 인정하는 게 중요하다. 힘은 많이 들겠지만, 포기하지 않고 실패를 딛고 일어나면 되는 것이다. 실패했을 때 어떻게 대처하느냐, 즉 실패를 어떻게 관리하느냐에 따라 자신의 커리어가 달라진다.

사람은 이처럼 누구나 실패도 하지만, 실수도 한다. 실패와 실수는 어떻게 다를까? 실패는 '일을 잘못해 뜻한 대로 되지 않거나 그르친다'는 의미고, 실수는 '조심하지 않아서 잘못하는 것, 또는 그런 행위'라는 뜻이다. 언뜻 보기에 비슷한 것 같아도, 실수는 단순한 사안이어서 금방 회복하면 되지만 실패는 되돌리기 힘들 정도로 떠내려갔다는 뜻이다. 실패에 대한 국어사전 예문을 보면 '결과는 참담한 실패로 끝났다' '그는 실패로 인한 좌절과 수치감에 괴로워한다' 등 주로 결과가 치명적일 때 쓰는 단어라는 걸 알 수 있다. 한두 번 실수는 할 수 있지만, 잘 관리해 실패로 이어지지 않도록 조심하는 것이 현명하다.

프리랜서의 실패는 실수에서 시작된다. 첫 거래라면 작은 실수도 용납되지 않는다. 실수는 불신감을 주기 때문이다. 거래를 오래한 곳일 경우 애교로 넘어갈 수 있는 정도의 실수라면 한두 번 구제받을지 모르지만, 치명적인 실수를 하면 다시 기용되지 못한다. 실수를 되풀이하다가 실패자로 기억되면 '위험인물'로 업계에 소문이 파다하게 나서 설 자리를 잃게 된다.

직장인은 오히려 그 반대다. 입사 초기의 작은 실수는 윗선에서 덮어주면 넘어갈 수 있다. 하지만 중요한 위치에서 큰 실수를 하면 회복하기가 쉽지 않다. 좌천되거나 조직을 떠나야 하는 경우도 생긴다.

인사이동철이 되면 나도 덩달아 신경이 쓰인다. 진급에서 누락된 담당자들을 만나기 곤혹스럽기 때문이다. 그러나 같이 출발해도 좀 앞서가는 사람과 뒤처지는 사람으로 갈리기 마련이다. 일희일비하면 지친다. 타부서로 밀려났다가 거기서 다시 심기일전해 훨씬 잘되는 담당자도 많이 봐왔다.

책이 만 권째 인쇄되는 순간 중요한 인물의 이름이 잘못 들어간 것을 발견한 담당자가 있었다. 전량폐기하고 다시 인쇄해야 되는 대형사고를 친 것이다. 결국 징계를 받고 전혀 일한 경험이 없는 판매국으로 발령이 났다. 나가라는 얘기나 다름없었지만, 그간 취재하면서 쌓은 섭외력을 발휘해 그쪽에서 엄청난 성과를 거둬 오히려 회사에서 인정받게 되었다.

편집디자인을 담당했던 Y는 담당부장 눈 밖에 나면서 난데없이 판매국으로 발령이 났다. 생전 처음해보는 일이었지만 회사를 그만둘 수도 없는 처지였다. Y는 머리를 싸매고 밤늦게까지 일을 배우며 해당 업무를 익혔다. 책을 만들기만 했지 파는 데는 관심이 없었던 Y였지만, 새로운 일에 대해 알면 알수록 흥미를 느꼈다. 얼마 후 회사 구조조정이 있어 결국 퇴사하게 되었으나, Y는 작은 출판사에 입사해 디자인부터 판매, 마케팅까지 전체를 담당하게 되었다. 그렇게 50여 권의 책을 만든 뒤, 현재는 대형출판사 마케팅 차장으로 일하고 있다. Y는 나중에 뜻 맞는 사람들과 함께 좋은 책을 만들 꿈을 꾸고 있다.

직장생활을 망치는 가장 큰 실패는 오히려 스스로에 대한 실망에서 비롯되는 경우가 많다. 사람들은 위로 올라갈수록 아래는 보지 않는다. 과장이 되면 부장을 바라보고, 부장은 이사를 바라본다. 대기업에서 임원이 되는 것, 대령에서 별을 다는 일은 신의 아들이어야 가능하다는 우스개가 있다. 사실은 우스개가 아니라 현실이어서 절망스러운 것이다. 목표 달성 목전에서 좌절했을 때 사람들은 큰 실망을 하고, 그 실망이 때로 비통한 결과를 불러온다.

실망이 큰 것은 실패했다고 생각하는 데서 비롯된다. 그럴 경우 과연 내가 실패했는가를 곰곰이 따져봐야 한다. 잠시 숨을 고르고 다시 뛸 수도 있는데 성급하게 단정하는 건 아닌지 차분히 돌아보라. 거기까지 온 것에 감사하고 다시 목표를 세워 달리면 된다.

주위를 보면 실망에 사로잡혀 속을 끓이는 이들이 의외로 많다. 예를 들어 책을 몇 권 낸 프리랜서에게 "대단하다"고 하면 "책이 안 팔려 죽겠는데 뭐가 대단하냐"고 오히려 화를 낸다. 좋은 회사에서 일하는 직원에게 "부럽다"고 하면 "월급이 어디와 비교해서 적고, 퇴근시간도 늦어서 짜증나는데 뭐가 부럽냐"고 투덜거린다. 남들이 보면 부럽고 대단하기 그지없는데 당사자들은 그 행복을 잘 느끼지 못하는 경우가 많다. 책 한 권 내는 게 평생 목표인 사람, 취직이 소원인 사람들이 즐비한데 정작 본인들은 불만에 차 있다. 만족하지 않고 허기진 삶을 살면 그만큼 더 투지가 불탈 것 같지만, 그러다 지치면 의욕이 사그라지고 만다. 감사하는 마음을 가져야 더 큰 에너지가 생긴다.

실수든 실패든 실망이든 복잡하게 생각하는 데서 문제가 생긴다. 시간이 좀 흐른 뒤 돌아보면 사소한 실수와 대수롭지 않은 실망을 크게 부풀리는 바람에 실패가 빚어졌음을 깨닫게 된다. 때로는 단순하게 생각하고 실행할 필요가 있다. 원래 진리는 단순하다. 구구절절 설명할 필요도 없다. 사람들이 진리에 자신의 생각과 경험을 결부시켜 복잡하게 만든다. 상사가 일을 시켰을 때 "네!" 하고 바로 실행하는 사람은 조용하지만, "이래서 못 하고 저래서 못 한다"고 하는 사람은 시끄럽다. 온당한 권위에 순종하지 않는 사람은 말이 많은 법이다. 맞지 않는 논리를 길게 늘어놓으려니 그럴 수밖에 없다.

모든 사람은 실수를 하고, 실패도 하며, 실망도 한다. 존 W. 홀트 주니어는 오히려 '경쟁자보다 더 빨리 실수하라'고 권한다. "실수를 범하지 않는다면 위험을 무릅쓰고 있지 않다는 것이고, 아무런 목표도 이루지 못하고 있다는 뜻이다. 핵심은 경쟁자보다 더 빨리 실수를 저지르는 것이다. 그러면 교훈을 얻고 승리를 거둘 기회가 더 많아질 것이다."

누구나 실수하고 실패하며 실망할 수 있지만, 그 뒤에 어떻게 '실행'하느냐는 천지차이다. 이후 어떻게 대처하고 관리하느냐가 핵심임을 잊지 말아야 한다. 그 경험을 발판삼아 나를 발전시킬 수만 있다면, 무용한 실수도, 실패도, 실망도 없을 것이다.

충전 기회를
100% 활용하라

●   프리랜서 입장에서 회사원들이 부러울 때가 있다면, 회사라는 조직의 구성원이기에 주어지는 다양한 복리후생을 누리는 모습을 볼 때다. 특히 다양한 교육제도가 마련된 회사를 볼 때면 더욱 그렇다.

프리랜서들은 회사를 그만두고 나오면 교육을 받을 때 모든 경비를 자신이 지불해야 한다. 너무나 당연한 일인데, 그 비용이 만만치가 않다. 특히 해외연수는 프리랜서에게 '넘사벽'이다. 1년간 해외에서 공부하고 오려면 일단 그동안 일을 못하는 데다, 체류비에 교육비를 포함하면 '억' 소리 나는 비용이 든다. 그런 연수를 회사의 지원으로 다녀오는 회사원들을 볼 때면 든든한 '백'이 부럽기만 하다.

내 담당자 중에는 해외 연수를 다녀와 그 나라에서 겪은 일을 책으로 낸 사람도 있다. 대개 연수기간이 1년인데, 연수기간을 늘리거나 아예 해외에서 근무할 수 있게 해달라고 요청해 학위를 딴 친구들도 있다. 연수를 갔다가 회사를 그만두고 공부에 매진, 박사학위 받아 대학

강단에 선 사람도 봤다.

물론 직장인이라고 모두 이러한 특권을 누리는 건 아니다. 내 주변 회사들을 예로 들자면 유명 방송사나 유명 일간지는 해외 연수가 제도화되어 있지만, 월간지의 경우 그렇지 않다. 여성잡지에 기고할 때 내 담당자였던 기자는 본인이 백방으로 노력해 받은 지원금으로 해외 연수를 다녀오기도 했다. 그랬다 하더라도 이 역시 회사라는 믿을 만한 '백'이 있기에 가능한 일이다.

회사에 다니는 동안에는 본인의 노력 여하에 따라 얼마든 '지식 충전'의 기회를 얻을 수 있다. 국내 모 대기업에서 30년 넘게 근무하고 퇴직한 L이사는 "회사에 너무 감사하다. 그간 월급을 꼬박꼬박 받은 것도 고마운데 각종 교육 혜택도 누리게 해주었다. 회사 외부교육도 내가 신청하면 수강 가능한 제도가 있어서 정말 다양한 공부를 할 수 있었다"고 말한다. L이사는 줄잡아 계산하니 입사 이래 외부에서 교육받은 수업료가 1억 원은 넘을 것 같다고 했다. 최근 L이사는 코칭 전문 강사 자격증을 획득했다. 대기업에서 받은 다양한 교육과 실무 경험에 코칭 역량을 발휘하면 곧 명강사로 각광받게 될 것이다.

직장생활을 하는 동안 10년, 20년 후를 내다보고 전략을 수립해 자신의 커리어를 관리해야 한다. 제대로 관리만 잘한다면 퇴직 후에 전문성을 활용할 기회가 많을 것이다. '관리'를 잘하는 비결은 회사에서 베풀어주는 교육 기회를 100% 활용하는 것이다.

하지만 회사에서 받는 교육을 그리 탐탁지 않아 하는 사람들도 많다. 일하느라 피곤하고 바쁜데, 교육까지 의무로 받으라고 하니 몸이 두 개라도 모자랄 지경이라는 것이다. 과중한 업무 때문에 부담스러울 수도 있지만, 미래를 위한 투자라고 생각하고 챙길 수 있을 때 확실히 챙기는 것이 현명하다.

이러한 투자가 아직 갈급하지 않은, 입사한 지 얼마 안 된 20대 후반에서 30대 초반의 사원들과 초급관리자들은 강사들이 가장 껄끄러워하는 대상이다. 명강사로 소문난 사람들도 그 나이대의 직원들 앞에 설 때는 긴장하게 된다고 한다. 몇몇 강사들과 얘기를 나눠봤는데 '아마도 의무적으로 들어야 하는 강의여서 그런 것 같다'고 짐작했다. 명강사로 소문난 S강사는 "대기업 사원들은 어려운 관문을 뚫고 들어온 '똑똑한 인재'인만큼 자만심이 있다. 그래서 '흠, 얼마나 잘하나 보자'는 자세로 강사를 대하는 경우도 있다"며 토로했다. 그는 젊은 직원들을 대상으로 하는 강의를 '강사들의 무덤'이라고까지 했다.

그러다 보니 강사들은 '무엇을 전할 것인가'보다 '어떻게 전할 것인가'에 초점을 맞추게 된다. 일단 냉랭한 분위기를 녹여야 하니, 강의 시간의 상당 부분을 유머를 풀어놓거나 잡담하는 데 할애하는 경우가 많다. 그렇게 시선을 사로잡은 다음에도 시선이 다른 데 돌아가지 않도록 분위기 쇄신용 이야기를 군데군데 배치해야 한다. 그러다 보면 정작 전해야 할 내용은 일부밖에 풀어놓지 못하는 일이 비일비재하다. S강사는 "대여섯 가지가 있을 때 두세 가지라도 전하면 다행"이라고 했다.

그래서인지 강사들 중에는 개그맨보다 더 재미있게 얘기를 풀어놓는 사람들도 많다. 내 경우는 내용으로 승부하는 편이다. 내가 인터뷰 현장에서 만난 수많은 고수들이 그 자리에 오르기까지 어떤 노력을 했는지, 사례를 들려주면 대부분 흥미롭게 듣는다.

국내 굴지의 외식업체 20~30대 직원들을 대상으로 강의를 했는데, 아침 시간인데도 불구하고 반응이 좋아 다른 강사들이 괜히 겁을 준 게 아닐까 하는 생각을 했다. 이른 시간인데도 조는 사람이 없었다. 담당 상무에게 직원들이 강의내용을 잘 수용하는 것 같고, 태도가 좋다고 했더니 "교육을 자주 받기 때문에 훈련이 되어 있다"고 했다.

그래서 자신감을 갖고 있다가, 얼마 후 말로만 듣던 '냉랭한 분위기'와 맞닥뜨리게 되었다. 규모가 좀 작은 기업이라 외주 업체에 교육을 의뢰해 회사 밖에서 강의가 이뤄졌다. 오후 4시에 강의장에 갔더니 직원들이 이미 녹초가 되어 있었다. 아침 9시부터 6시간 이상 강의를 들었으니 그럴 만도 했다. 좁은 강의실에 난방 온도가 높아서 더 그런 듯했다. 그래도 중요한 시간이니 너스레를 떨 게 아니라 내가 아는 것을 충실히 알려야겠다는 각오로 임했는데, 분위기가 쉽게 조성되지 않았다. "이 시간은 다시는 오지 않는다"는 등의 말로 몇 차례 주의를 환기시키며 강의를 했는데 50% 정도는 성의 있게 들었고, 20% 정도는 그런대로 듣는 편이었다. 나머지 30%의 태도는 모호하거나 불성실했다. 개중에는 계속 조는 친구도 있었다.

청중이 강의에 집중하게 하는 것이 강사의 역량이라지만 청중도 '열심히 듣겠다'는 각오로 임해야 한다. 조금만 냉철하게 생각해보면, 자주 있는 일도 아닌데 회사에서 무료로 제공하는 강의를 성의 있게 듣는 게 그렇게 어려운 일은 아닐 것이다. 어차피 참여해야 하는 시간이라면 혹 지루하더라도 졸면서 시간만 낭비하기보다 공부한다는 자세로 강사와 함께 호흡하며 새로운 분야를 익히는 게 훨씬 득이 된다. "무슨 소리야, 강사가 맛있게 요리해서 떠먹여줘야지. 강사 역량이 부족한 거지, 우리가 무슨 문제야?"라고 해봐야 자기 손해다. 공짜로 자신을 업그레이드할 기회를 떠내려 보내서는 안 된다.

작은 기업체 직원들의 냉랭함을 전했을 때, 강의를 많이 하는 분이 "그래도 그 정도면 낫다"며 자신의 경험담을 들려주었다. "전날 밤늦게까지 회식하고 아침 일찍 술도 잠도 덜 깬 상태에서 강의실에 들어온 직원들에게 강의해봤어?" 그야말로 강사를 소 닭 보듯 하거나, 그조차도 안 하고 아예 자는 직원들이 태반이라는 것이다.

또 다른 강사는 "그래도 싸늘한 기업체 직원들이 남자 중학생들보단 낫다"고 했다. 중학생들은 그야말로 아비규환이라는 것이다. 현재 최고의 강사로 각광받는 김창옥 강사도 강의 중에 이런 무용담(?)을 들려주었다. 어느 중학교에 강의하러 갔을 때 학생들이 너무 떠들기에 재미있는 얘기를 해서 주의를 환기시키려고 노력했다고 한다. 그러자 앞에 앉아 있던 중학생이 '돈 버느라 참 애쓴다'며 측은한 듯이 바라봤다는 이야기다.

나도 여자중학교 문예반 친구들을 상대로 강의할 기회가 있었는데, 이 친구들은 굉장히 잘 들어주었다. 강의에 들어가기 전 담당 교사가

"애들이 좀 산만할 수도 있으니 이해하라. 한창 자라는 아이들이어서 그렇다"고 미리 양해를 구했다. 하지만 정작 학생들은 귀담아 듣고 질문도 똑똑하게 잘했다. 강의 콘셉트가 뚜렷하고, 목표가 있다면 아이들이라도 받아들이는 게 다르다.

그 외에도 고위 공무원, 일반 공무원, 대학원 최고위 과정, 농어촌 주민들, 새로운 일거리를 찾는 아주머니들 등 많은 계층을 대상으로 강의를 했다. 요즘 지방자치단체에서 주민들을 위한 강의를 많이 개설하는데, 교육받을 기회가 별로 없어서인지 다들 눈빛이 빛난다. 꽤 나이 드신 분들의 열의가 대단하다.

문제의(?) 작은 기업체 직원들에게 강의한 다음 날 저녁 6시, 서울 시내 대학생들을 대상으로 강의가 잡혀 있었다. 3만 원의 회비를 내고 '시장경제'에 관한 6개의 과목을 이수하는 과정에 내 강의도 하나 포함되어 있었다. 종일 수업을 듣고 온 늦은 저녁이었지만, 자기가 수업료를 내면서까지 강의를 신청한 대학생들의 눈은 초롱초롱했다.

차이는 바로 여기서 갈린다. '스스로 원했는가, 원하지 않았는가.' 나이나 소속, 지위에 관계없이 목적이 있는 사람들은 강의에 집중한다. 회사에서 제공하는 강의는 목적이 있어 찾아서 듣는 것은 아니지만, 듣는 그때만큼은 목표 의식을 갖고 집중해서 들어야 한다. "어느 강사가 잘하나" 테스트하며 구경할 게 아니라 교육 기회가 오면 하나라도 열심히 배우는 게 남는 일이다. 듣고 싶어도 기회가 없는 프리랜서 입장에서는 그저 부러울 뿐이다.

도덕적 해이moral hazard는 원래 경제학 용어로 '보험에 들면 조심하지 않는다'는 뜻이다. 화재보험에 들면 불나는 것을 조심하지 않고 자동차보험에 들면 교통사고를 크게 두려워하지 않는다고 한다. '타버리면 돈 받아서 다시 짓지' '찌그러지면 새로 사지', 이런 생각을 하는 것이다. 예전에 화재보험료를 타려고 학원 원장이 학생을 사주해 자신의 학원에 불을 지르게 한 파렴치한 일도 있었다. 내가 비용을 지불하는 일에는 성실하고 회사에서 비용을 지불하는 일에는 불성실한 건 도덕적 해이가 아닐 수 없다. 어떤 기회든 고맙게 받아들이고 성실하게 임하는 것이 자신을 관리하는 일이다.

회사에 다닐 때 매일매일 시간만 때우거나 일에 지쳐 허덕일 것이 아니라, 자신을 철저히 관리해 자기 자신의 가치를 높이면 어떨까? 과거 프리랜서들에게만 있었던 '몸값'은 어느새 매년 연봉협상을 하는 직장인에게도 적용되는 개념으로 자리 잡았다.

건물도 주기적인 리모델링을 통해 세련된 자태를 뽐내는 시대다. 양질의 인풋이 알찬 아웃풋을 생산한다. 자신의 몸값을 높이는 관리의 첫 걸음은 많은 것을 배우고 익혀 내 것으로 만드는 일이다. 회사에서 제공하는 기회를 100% 활용해보자. 성실함도 인정받고, 나의 경쟁력도 높일 수 있는 일석이조의 찬스다.

수시로 업그레이드와
업데이트를 하라

●　　　스마트폰은 말 그대로 스마트하다. 중간중간 업그레이드를 하면 점점 더 똑똑해진다. 반면 장비를 사용하는 사람들은 점점 더 후퇴하는 느낌이다. 단축번호나 이름을 치면 바로 연결되니 예전에는 전화번호를 줄줄 외웠던 사람들도 그렇게 하지 못할뿐더러 그럴 필요도 느끼지 못한다. 그뿐 아니라 버튼 하나로 뭐든 척척 만들어내는 기구가 즐비하다 보니 사람들이 점점 나태해지고 있다. 기계는 부지런히 업그레이드와 업데이트를 하는데, 사람들은 기계 때문에 점점 더 '다운그레이드'되고 있다.

이러한 시대에 더욱 중요한 것이 신념과 지혜다. 잡다한 지식은 일부러 익힐 필요 없이 마음만 먹으면 다양한 방법으로 끌어모을 수 있는 시대다. 이러한 지식들을 찾고, 검색하고, 활용하는 자신의 기준을 명확히 세워야 한다. 그리고 수시로 업그레이드와 업데이트를 게을리하지 말아야 한다.

그러나 사회활동을 하면서도 '내가 왜 그래야 하냐'는 마인드를 가진 사람들이 많다. 주로 경력이 쌓인 이들이 그러한데, 프리랜서 생활을 오래 한 사람 가운데도 사회성이 부족한 경우를 종종 발견할 수 있다. '선생님' 대접을 받으면서 자기와 친한 담당자만 만나는 사람들이 주로 그런 유형이다. 이 사람들은 대개 '내가 최고'라는 착각을 한다. 자신에게 그리 힘들지 않은 일을 편하게 하면서 점점 고집불통으로 바뀌는 것이다. 고위직에 있다가 일찌감치 은퇴한 사람들도 비슷한 성향을 보인다.

이런 사람들의 특징은 업그레이드와 업데이트에 전혀 관심이 없다는 점이다. 자신이 예전에 확보해놓은 자료를 기준으로 활동하거나 과거의 추억에 사로잡혀 있다. 변화가 심하지 않은 직장의 상사들도 비슷한 케이스다. 별다른 위기의식도 못 느끼고 외부 충격도 없으니 늘 그 자리를 맴돌고 있다. 매우 안정된 회사에 가보면 사무실이 1990년대 복고 분위기다. 컴퓨터를 비롯한 각종 기기뿐 아니라 사고방식이 박물관 수준이다. 오히려 규모가 크지 않은 열정적인 회사가 첨단기기를 갖추고 유연하게 돌아가는 경우를 자주 목격한다.

그런가 하면 대단한 석학으로 이름난 사람이 초등학생도 다 아는 인터넷 용어를 모르는 경우도 있다. 지금, 현재, 여기에 관심이 없고 과거의 향수에만 취해 있는 사람이 꽤 많다. 대한민국이 아무리 바쁘게 돌아가도 혼자서 느긋한 부류들이다. 그래도 되는 사람이라면 괜찮지만, 신문 칼럼을 통해 국민들에게 이런저런 제안을 하는 영향력 있는 이들 가운데도 그런 사람이 있으니 문제다. 심지어 메일도 안 쓰고 문자도 보내지 않는, 그러니까 컴퓨터와 휴대폰을 사용하지 않는 명사도 있다. 젊은 세대가 스마트폰으로 천지개벽한 세상을 살고 있는데, 그들이 무슨 생각을 하는지 전혀 알지 못하면서 "요즘 젊은이들 큰일이야"라며 한 걱정하면 누가 공감하겠는가.

요즘은 좀 흔들린다지만, 일본 산업이 세계를 제패한 것은 자기 전문분야 외의 다른 분야에도 능통한 인재들이 많았기 때문이다. 일본 교육의 강점 중 하나는 전공분야만 교육시키는 것이 아니라 엉뚱하고 관계없는 것까지도 가르친다는 것이다. 공대생이 경영학을 공부하는 창의적인 교육 형태는 일본이 처음 시도했다. 그랬더니 어떤 한 분야만의 전문가가 갖추기 힘든 통찰력을 가진 인물이 많이 배출되었다. 신기원을 이룩한 창조물들이 전문가가 아닌 비전문가에 의해서 많이 만들어졌다는 건 기억해둘 만한 사실이다.

요즘 우리 기업들도 통섭교육을 시키고 있고, 대학에서는 융합전공을 장려하고 있다. 제대로 하는 건 아무것도 없으면서 이것저것에 빠져 있으면 안 되지만, 전문성을 더 빛내기 위해서는 새로운 지식을 흡수해야 한다. 업데이트와 업그레이드로 나를 관리해야만 변화무쌍한 사회를 헤쳐 나갈 수 있다.

업그레이드와 업데이트는 단순히 유행에 편승하는 움직임이 아니라, 자고 나면 바뀌는 스마트 시대를 배경으로 일하는 이들이 갖춰야 할 업무 태도다. 잡다한 지식이 아니라 내 업무에 필요한 지식들을 위주로 끊임없이 찾고, 공부하고, 새롭게 익히는 것이 바람직하다. 때로는 전혀 상관 없을 것 같은 지식들도 익혀두면 의외의 시너지를 발휘할 수도 있다.

가만히 있으면 그 자리에 그대로 서 있는 게 아니라 뒤로 밀려난다는 마음가짐으로, 매일매일 스스로를 단련시키는 것은 어떨까. 프리랜서와 같은 '관리 마인드'로 업그레이드와 업데이트를 통해 자기 자신의 경쟁력을 끊임없이 높여보자. 빠르게 변화하는 세상에서 살아남을 수 있는 원천이 되어줄 것이다.

PART 5

설명이 필요 없는
프로가 돼라

나
를

최
고
로

디
자
인
하
라

PROFESSIONAL

프로는 남에게 '감사'하며 살지만, 아마추어는 남을 '감시'하며 산다

●   포털사이트에 '프로'와 '아마추어'라는 키워드를 넣어 검색해보면 그 차이를 나열해놓은 글들을 찾아볼 수 있다. 그 가운데 몇 가지만 들춰보면 '프로는 불을 피우는 사람이고 아마추어는 불을 쬐는 사람이다' '프로는 돌다리를 두드려보고 건너지만 아마추어는 두드리고도 안 건넌다' '프로는 뛰면서 생각하지만 아마추어는 생각한 뒤 뛴다' 등 기발한 내용이 많다. 그중에서 가장 눈에 띄는 내용은 이것이었다.

  '프로는 남에게 '감사'하며 살지만, 아마추어는 남을 '감시'하며 산다.'

  즉 남을 의식하며 위축되는 아마추어로 살 것이 아니라 당당한 프로페셔널로 살자는 것이다.

  《최고의 나를 꺼내라!》의 저자 스티븐 프레스필드는 프로페셔널을 단순한 전문직종이 아닌 '자신의 직종에서 모범이 되는 이상적인 전문가'라고 규정했다. 직장인이든 프리랜서든 자신의 직종에서 모범이 되는 이상적인 전문가가 되어야 한다. 프로가 되지 못하면 직장에서든 필드에서든 살아남지 못한다.

    초중고교에서 활동하는 운동선수들이 프로 1군에 들어갈 확률은 축구가 3%, 야구가 4%에 불과하다고 한다. 한발 더 나아가 국가대표가 되려면 축구는 1,000명 가운데 1명, 야구는 1,000명 가운데 6명 안에 들어야 가능하다는 통계가 있다. 프로선수가 된다는 게 얼마나 힘든지 단적으로 보여주는 수치다.

    회사원도 마찬가지다. 직장에 안착하기까지 엄청난 경쟁을 뚫어야 한다. 그러나 그 자리에 안착했다고 해서 과연 프로인가는 스스로 따져봐야 한다. 또한 직책이 높다고 자동적으로 프로페셔널의 지위를 획득하는 건 아니다. 직책이 낮아도 자신이 맡은 분야에서 발군의 실력을 나타낸다면 프로다. 아주 작은 일이라 하더라도 그 순간, 그 자리에서 최고의 기량과 영향력을 발휘할 수 있어야 프로다.

    피터 드러커는 저서 《프로페셔널의 조건》에서 일곱 가지 성공비결을 제시한다. 첫째, '목표와 비전을 가져라.' 이는 그가 대학생 시절, 오페라의 거장 베르디가 80세의 나이에 "일생동안 완벽을 추구했지만 늘 아쉬움이 남았다. 나에게는 분명 한 번 더 도전해볼 의무가 있다고 생각한다"는 말을 남긴 것에 감동받고 깨달은 것이다. 둘째, '신들이 보고 있다.' 고대 그리스 조각가 페이디아스가 신전 지붕 위의 조각을 만들 때 사람들은 앞모습밖에 못 보지만 뒷모습은 신들이 본다는 생각으로 완벽을 추구했다는 말에서 기인한 것이다. 셋째, '끊임없이 새로운 주제를 공부하라.' 넷째, '자신의 일을 정기적으로 검토하라.' 다섯째, '새로운 일이 요구하는 것을 배워라.' 여섯째, '피드백 활동을 하라.' 일곱째, '어떤 사람으로 기억되기 바라는가.'

이 일곱 가지는 피터 드러커가 여러 직업을 거치면서 스스로 깨달은 것이다. 놀라운 것은 그가 컨설턴트로 기업, 정부 기관, 대학, 병원, 오페라 하우스, 교향악단, 박물관, 그 외 여러 조직의 사람들과 일하면서 그들에게 개인적인 성공비결을 물었을 때 대부분이 이와 일치했다는 사실이다.

나 역시 지난 20년간 수많은 사람을 만났다. 전직 대통령, CEO, 대학교수, 의사, 변호사, 목사 등 다양한 프로페셔널을 만나 성공비결을 물어보면 대개 비슷한 답변이 나왔다. 그 답변을 바탕으로 작성한 '프로들의 성공비결'의 강의 목차만 살펴본다면 이런 내용이다.

'잘하는 데 미쳐라, 기본기를 갖추고 끊임없이 업그레이드하라, 왕년은 잊고 오늘에 충실하라, 고난과 정면대결하고 치명적인 실수를 하지 말라, 창의성·대중성·트렌드·경청을 늘 유념하라, 소통이 실력이다, 적시타를 날리고 막판 스퍼트에 주력하라, 미래 가치에 투자하라, 운칠기삼vs 운열기열(운도 10, 노력도 10이다)' 등이다. 요약하면 '잘하고 즐거운 것, 즉 나의 달란트를 찾아 기본기를 충실히 닦은 다음 고난을 극복하고 최선을 다하며, 지금 이 시각 트렌드에 관심을 기울이고 결과에 겸허하라'는 것이다.

직장은 개인이 프로페셔널로 성장하는 데 중요한 토양이 되어준다.

고수로 우뚝 선 대부분의 사람들은 직장에서 쌓은 실력과 인맥, 커리어 덕분에 그 자리에 설 수 있었다. 개인 브랜드를 갖고 있는 사람들도 직장에서 쌓은 명성을 발판으로 한 경우가 대부분이다. 직장에서 열심히 일하다 보면 자신도 모르는 새에 고수의 실력이 차곡차곡 쌓인다.

피터 드러커도 컨설턴트로 활약하기 전에 여러 직장에서 실력을 쌓았다. 법과대학에 등록만 한 뒤 오스트리아 빈에 있는 면제품 수출회사의 견습생으로 입사해 경험을 쌓았고, 몇 년 후 독일 프랑크푸르트의 증권회사 견습생으로 들어갔다. 증권회사가 파산하자 프랑크푸르트 최대 신문사에서 금융 및 외교 담당기자로 일했다. 영국 런던에서 상당히 큰 보험회사의 증권분석사로, 은행의 경제분석가 겸 수석비서로 일한 적도 있다. 그리고 미국으로 건너가 대학교수가 되었다.

피터 드러커는 이렇듯 여러 직장에서 쌓은 경험을 바탕으로 30여 권의 경제, 경영, 정치, 사회 분야의 저서를 발표하고 수많은 조직을 컨설팅했다. 경영학을 새로운 관점에서 접근할 수 있도록 안내한 그의 저서는 20개국이 넘는 곳에서 번역되어 600만 부가 넘게 팔렸다. 그는 사람들로부터 "당신이 쓴 책 가운데 어느 책을 최고로 꼽습니까?"라는 질문을 받을 때면, "바로 다음에 나올 책이지요"라고 답했다.

나이가 들수록 더욱 왕성한 활동을 보여주었던 피터 드러커가 프로페셔널이 될 수 있었던 바탕은 풍부한 직장경험에서 얻은 실력과 지혜였다는 것을 기억해야 한다. 내 직장에서 나 자신을 어떻게 프로페셔널로 만들 것인가, 그것은 당신이 결정해야 할 문제다.

'프로는 남에게 '감사'하며 살지만, 아마추어는 남을 '감시'하며 산다.'

아무리 생각해도 명언이다. 실제로 내가 만난 많은 고수들은 '감사하는 겸손한 사람'이 '불평하는 교만한 사람'을 이긴다고 했다. 괜히 남을 감시하며 시간 낭비할 게 아니라 일할 수 있음에 감사하면서 열심히 전진하는 것이 프로에 가까워지는 길이다.

'나'를 효과적으로
마케팅하라

●   마케팅의 중요성이 점점 더 커지고 있다. 마지막 소통을 담당하기 때문이다. 제 아무리 좋은 상품을 만들어도 소비자에게 전달되지 않으면 아무 소용없다. '나'도 일종의 상품이다. 내가 뛰어난 프로여도 이를 적극 알리지 않으면 아무도 알아주지 않는다. 그러나 말처럼 쉬운 일은 아니다. 담당자들에게 알리기도 힘들고, 회사 내 구성원들에게 각인시키는 일도 결코 쉽지 않다. 알릴 방도나 수단은 많지만, 오히려 너무 많기에 그 홍수 속에서 나를 드러내는 일은 낙타가 바늘구멍에 들어가는 것만큼이나 어렵다.

탄탄한 입지를 굳힌 프리랜서들도 대부분 초창기에 큰 고생을 했다. '대한민국 1% 명강사'로 인정받는 심윤섭 강사 역시 힘든 프리랜서 초년병 시절이 있었기에 오늘날의 큰 성공을 거둘 수 있었다. 2008년부터 강사로 나선 그는 대기업과 주요 단체를 위주로 연간 200회가 넘는 강의를 하는 가장 바쁜 강사 중 한 명이다. 입문 이듬해부터 '억대 강사' 대열에 합류한 그의 초창기 마케팅 전략, '자기 알리기 작전'은 한마디로 눈물겨운데, 그만큼 시사하는 바도 크다.

심윤섭 강사는 2008년에 책을 내고 북세미나를 한 후 강의에 매력을 느끼게 되었다. 하지만 책이 생각만큼 팔리지 않아서인지 북세미나 이후 강의를 요청해오는 곳이 없었다. 그러자 그는 스스로 강의시장을 개척하기로 결심했다. 대기업 영업사원을 시작으로 IT회사 중역, 개인 사업까지 다양한 경험이 있는 그는 '나 자신 알리기'를 쑥스럽게 여기지 않았다. 자신의 프로필을 자세하게 작성해 제본한 다음 자신의 이름을 새긴 볼펜을 같이 넣어 전국 공무원교육기관 담당자들에게 보냈다. 반응이 신통찮았지만 굴하지 않고 USB에 자신의 이름을 새겨 담당자들을 다시 공략했다. USB를 컴퓨터에 꽂으면 자신의 프로필이 뜨게끔 철저하게 준비했다. 그렇게 6개월을 노력하자 슬슬 강의 요청이 오기 시작했다.

강의를 하고 난 후 담당자에게 자신을 각인시키기 위한 노력도 게을리하지 않았다. 강의를 마치고 와서 이메일로 인사를 하면서 강의반응을 넌지시 물어봤다. 그러면 '괜찮았다. 기왕 연락한 김에 한 번 더 와서 강의해달라'는 담당자들이 종종 있었다. 메일을 보내도 별다른 반응이 없으면 '강의가 별로였구나' 하는 생각에 '다시 기회가 오면 예전과 다른 저를 보여드리겠다'는 메일을 다시 보내는 방식으로 담당자들에게 자신을 각인시켰다. 컨디션이 좋지 않아 스스로 강의가 마음에 안 들 때는 직접 담당자에게 전화를 걸어 'A/S 강의'를 해주겠다고 제의하기도 했다. 실제로 다시 가서 강의를 한 적도 있고, 그 일로 담당자와 친해져서 계속 일이 연결되기도 했다. 자신의 책은 강의 당일 전하지 않고 돌아와서 반드시 우편으로 보냈는데, 번거롭게 왜 그렇게 하냐는 질문에 이렇게 답해주었다.

"강의하는 날 책을 갖고 가서 주면 그걸로 끝난다. 나중에 책을 보내고 잘 받았는지 확인전화를 하고, 재미있게 보시라고 이메일도 보낸다. 그러면 그분이 책을 보다가 생각나면 또 연락하게 된다. 계속 끈을 만드는 거다. 이를 마케팅 전문 용어로 '문간에 발 들여놓기 전략'이라고 한다. 문간에서 몸이 다 빠져나오면 상대가 문을 닫아버리지만 발을 하나 걸치고 있으면 문을 못 닫는다. 처음에는 발 넣고 다음에 무릎 넣고 머리 들여놓고 하다가 들어가는 거다."

대개의 사람들은 쑥스럽기도 하고, 구차하기도 하고, 자랑 같기도 해 자기 자신을 홍보하는 걸 힘들어한다. 회사에서 영업 업무를 맡았던 덕에 단련이 되어 거절당하는 게 두렵지 않다는 심윤섭 강사도 가끔 '이렇게까지 해야 하나' 하는 생각이 들었다고 한다. 그럴 때마다 '알리는 과정에서 창피한 게 더 큰가, 일을 못해 밥을 굶게 되어 힘든 게 더 큰가. 몇 번 창피하고 말자'며 자신을 다독였다.

홍보만 잘한다고 되는 건 물론 아니다. 심윤섭 강사는 다섯 번의 직장생활에서 얻은 노하우를 면밀히 분석해 책을 냈고, 많이 팔리지는 않았지만 홍보를 통해 책을 읽게 된 사람들 사이에서 내용이 충실하다는 정평이 났다. 그 후 기업으로부터 온라인 교재를 만들자는 제의가 오면서 강의가 연결되기 시작했다. 그리고 대한민국 명강사들의 강의를 거의 다 듣는 등 연구도 게을리하지 않았다. 준비를 충분히 한 뒤 자신을 효과적으로 알렸고, 기회가 왔을 때 열정적으로 강의를 해 지금의 위치를 구축했다.

이렇듯 실력이 어느 정도 뒷받침된다면, 효과적인 마케팅을 통해 자신을 알려야 한다. 실력은 있지만 마케팅 등 홍보를 제대로 하지 못해 경쟁에서 도태된 경우도 왕왕 봐왔기 때문이다.

잘 아는 후배는 일본 방송 관련 일을 하는 프리랜서다. 한류 붐이 일기 전부터 일을 했는데, 2000년 당시 한 달에 1,000만 원의 수입을 올릴 정도로 잘나가던 친구였다. 대부분의 일본 방송들은 한국에 지국이 있어도 보도국 인력만 와 있는 경우가 대부분이어서, 특별취재를 할 때면 코디네이션이 필요했다. 통역, 섭외, 예약, 장비대여, 차량제공 등 전반적인 사항을 한국에서 조달, 해결할 수 있도록 조율해줄 사람을 구했는데, 후배는 이 일을 도맡아 진행했다.

그런데 2004년 배용준 씨가 일본에 진출하면서 한류 붐이 불기 시작한 후로 오히려 일거리가 줄었다. '영업력'이 부족했기 때문이다. 특별취재반이 가고 나면 서울에 주재하는 지국장들과 자주 연락해서 본사 인력들이 언제 오는지 살피고, 그 사람들과 교류해야 하는데 그런 게 쑥스러워서 연락 오기만 기다리고 있었던 것이다. 일본 방송이 밀려들기 시작하면서 발 빠른 사람들이 그 시장에 진입했고, 결국 초창기에 능력을 인정받으며 시장을 선점했던 후배는 개점휴업 상태가 되었다.

어느 정도 실력이 있는가도 중요하지만, 얼마만큼 '독창적'인지도 중요한 마케팅 포인트다. 고우성, 조연심, 오종철, 임희영 씨가 만든 오디오 팟캐스트 '북TV365'는 신간이 나오면 엄선해 저자 초청 생방송 토크쇼, 공연과 저자사인회가 있는 북나눔 파티를 연다. 수익금과 도서들은 행복한도서관재단의 후원으로 책이 부족한 낙후 도서관에 전달된다. 오종철 씨는 "프리랜서든 직장인이든 CEO든 누구나 독창적인 아이디어만 있으면 프로그램을 만들어 세상에 선보일 수 있다. 여기서 우리가 얻는 것은 수입이 아니라 브랜드다. 방송을 통해 얻은 브랜드로 새로운 일거리가 창출된다"고 말했다. 기업체 강연을 기획하고 강사로도 나서는 오종철 씨는 다양한 통로를 통해 자신의 브랜드 가치를 높이는 것이야말로 미래를 개척하는 길이라고 말한다.

이렇듯 새로운 분야에 도전해 독창적인 콘텐츠로 승부하는 것도 필요하지만, 자신의 업무에서 조금만 생각을 확장하고 방향을 달리해 독창성을 부여하면 좋은 성과를 낼 수 있다. 회사 업무는 속성상 반복적인 것이 많다. 그렇기에 '늘 하는 일인데 뭐 새로울 게 있을까'라고 생각한다면 오산이다. 늘 하는 일이기 때문에 새롭게 조명하도록 애써야 한다.

요즘 인터넷 매체가 많아지면서 한 가지 사안에 대해 수십 개의 매체가 동시에 기사를 쓰는 경우가 많다. 같은 사안을 어떻게 다루었는지, 각 신문사의 기사를 비교를 해보면 기자의 성실성과 독창성을 한눈에 파악할 수 있다. 통신사의 기사를 그대로 받아써서 토씨 하나 틀리지 않은 기사들이 주르르 이어지는 가운데, 관점과 방식을 달리한 독창적인 기사들이 있으면 유심히 보게 된다. 조금만 생각하면 같은 팩트를 가지고도 훨씬 참신한 기사로 탈바꿈시킬 수 있다는 걸 알 수 있다.

여성잡지에 입문한 지 얼마 안 되었을 때 유명 연예인의 아들이 교통사고로 사망한 사건을 취재하라는 지시가 떨어졌다. 현장에 가보니 각 잡지사의 베테랑 기자들이 다 집결해 있었다. 비극적인 사안이라 직접 취재는 불가능해, 여기저기 다니면서 스케치만 하는 상황이었다. 기자들은 중간중간에 삼삼오오 모여서 자신들이 취재한 내용을 공유했다. 당시 나는 수습 과정을 밟고 있었던지라 거기 낄 수 있는 입장이 아니었다. 그래서 기자들이 얘기할 때 지나가는 행인인 척 위장하며 슬쩍슬쩍 얻어 들었다. 이리저리 주워 듣고, 빈소에도 왔다갔다하고, 사망자와 동승했던 부상자의 병실도 기웃거리는 가운데 쓸 만한 거리를 모을 수 있었다. 남의 불행을 슬퍼하기보다 뭔가 수집하러 다닌다는 사실이 죄송하기도 하고 열패감도 들었지만, 상사가 눈에 불을 켜고 있으니 어쩔 도리가 없었다.

그렇게 정보를 모으고, 비록 수습기자지만 베테랑들에게 밀리지 않는 기사를 썼으면 좋겠다는 각오를 다지며 열심히 썼다. 그리고 후에 관련 기사를 전부 다 읽어보았다. 다행히 나도 다른 기자들이 쓴 만큼은 썼다는 데 안도했다가, 모 잡지의 기사를 읽는데 가슴이 서늘해졌다.

대부분의 기사가 다 비슷비슷했는데, 그날 여럿이 모여 정보를 공유할 때 유독 말을 많이 했던 모 기자가 쓴 기사만 완전히 달랐다. 다른 기자들은 대개 일간지에 나온 대로 사망자가 7대 독자라고 썼으나 그 기자만 3대 독자라고 썼고, 그 사실을 고향에 가서 확인했다는 내용이 있었다. 그저 병실 주변 얘기와 그 연예인 주변 인사들의 멘트를 취재하고 일간지에 난 사고경위 등을 그대로 실은 기사들과는 달리 고향의 애도 분위기부터 시작해 친척들 얘기 등을 담았으니 다른 기사와 차원이 다를 수밖에 없었다.

분량은 비슷하면서도 다른 관점에서 접근한 기사를 읽으면서, 이것이야말로 특종이고 자신을 부각시킬 수 있는 기회라는 것을 깨달았다. 동일한 사안이어도 다른 시각에서 접근하면 충분히 독창적인 결과를 뽑아낼 수 있다. 독창성은 완전히 다른 게 아니라, 약간만 방향을 틀어도 크게 부각될 수 있다는 사실을 그때 실감했다.

1990년대 초반 제일기획 PR팀에서 삼성전자 광고이야기를 홍보하면서 담당자와 콘셉트를 잡아 보도자료를 몇 년간 썼다. 그 당시 냉장고 모델로 페르시안 고양이를 기용한 적이 있었다. 일본에서 주인이 데리고 온 고양이의 모델료가 1,000만 원이었던 걸로 기억한다. 보도자료는 콘셉트를 잘 잡되, 기자들이 다양하게 쓸 수 있도록 기사거리를 풍부하게 제공해야 한다. 고양이 모델에 대한 재미있는 내용을 많이 써서 보도자료를 보냈는데, 흥미로운 내용이어서인지 대부분의 신문에서 기사로 다뤄주었다. 내용은 대동소이했는데, 딱 한 군데 신문의 기사는 달랐다. 냉장고 모델이 고양이라는 것을 내세우면서 지금까지 국내외에서 동물을 모델로 쓴 광고에는 어떤 것이 있고, 동물을 모델로 쓰면 어떤 효과가 있는지 다양하게 써서 정보도 풍부할 뿐 아니라 재미도 있었다.

독창성은 결국 자신의 일을 얼마나 사랑하는가에서 나온다. 내가 맡은 일을 어떻게 요리해서 맛있게 보여줄 수 있을지 끊임없이 연구해야 한다. 독창성은 하늘에서 뚝 떨어지는 것이 아니라, 내 일에 관심과 애정을 기울일 때 나오는 것이다. 그렇게 만든 독창성은 나만의 브랜드가 된다.

명문대를 나와 모두가 부러워하는 직장에 다니던 H는 새로운 공부를 시작하기 위해 회사를 그만두었다. 가장인 만큼 생활비는 벌어야 했는데, 이를 위해 선택한 일이 헬스 트레이너였다. 평소 꾸준히 헬스를 했던 실력을 살려 직업강사로 나선 것이다. 20~30대의 몸 좋은 헬스 강사들 사이에서도 40대인 H는 승승장구했다. 그 비결은 H만의 차별성과 독창성이었다.

"사실 몸은 젊은 친구들이 훨씬 더 좋다. 나는 말로 승부했다. 실속 있는 말을 재미있게 하는 게 관건이다. 헬스 트레이너에게 1:1 지도를 받고 싶어 하는 사람들에게 어떤 운동을 해야 하는지, 부위별 운동을 했을 때 어느 부분이 살이 빠지고 근육이 어떻게 생기는지 하는 수준의 단순한 설명은 식상하다. 나는 영양소 섭취와 운동과의 관계, 구체적인 운동 효과, 근육 상태를 정확하게 설명한다. 각종 체육 이론과 새로운 운동 이론은 물론, 인체해부도, 심리학까지 공부를 많이 했다. 세미나에도 부지런히 다녔다."

인체의 원리를 정확히 설명해주며 생각하는 운동을 지향한 H는 일류 강사로 떠올라 최고의 대우를 받았다. 최고의 대우란 수업료 배분율이 점점 높아진다는 뜻이다. 5:5에서 6:4, 7:3으로 점점 트레이닝센터가 아닌 강사의 몫이 많아진다. H는 9:1로 배분하는 초특급 강사가 되었다.

이는 비단 프리랜서 세계에서만 통용되는 이야기가 아니다. 직장인들도 마찬가지 아닐까? 고만고만한 사람들 사이에서 튀는 비결은 평소의 성실함을 바탕으로 한 독창성이다. 남들과 차별화해야 새로운 길이 열린다. 대체 불가능한 나만의 독창성으로, 내 자리를 공고히 다져야 한다. 그리고 '내 자리'는 누가 만들어주지 않는다. 요즘같이 경쟁이 치열한 사회에서 생존하려면 스스로를 마케팅해야 한다.

자신의 가치는 자신을 얼마나 효과적으로 홍보하느냐에 달려 있다고 해도 과언이 아니다. 직장인이든 프리랜서든 인정받지 못하면 어디서든 설 자리가 없다. 자신의 자리는 자기가 마련해야 한다. 실력도 없는 사람이 허울 좋게 자신을 포장해 알리는 것은 피해야 하지만, 실력 있는 사람이 자신을 제대로 PR하지 못하는 것도 경계해야 한다. 상품성을 갖추고 자신을 효과적으로 알려야 시장에서 오래 살아남는다. "내가 이런 실적이 있고, 이런 분야에 관심이 있다"는 것을 주변에 알려야 한다. 가만히 있으면 누가 알겠는가.

외부 공모에서 상을 받는 것도 좋은 방법이다. 평소 실력을 쌓아 공신력 있는 상을 받으면 사내에서도 보는 눈이 달라질 것이다. 꼭 업무와 관계된 것일 필요는 없다. 그림이나 사진을 배워 전시회를 열어서 업무 능력과는 또 다른 감각을 인정받는 사람들도 있다. 문예 공모에서 상을 받으면서 글 솜씨를 인정받아, 사내에서 중요한 문서 작성 업무를 맡을 수도 있다. 어느 분야에서든 일정 수준 이상의 실력을 쌓으면 도움을 받을 수 있다.

회사에서 직제 개편을 할 때 '데려가고 싶은 사람'이 되어야 한다. "저 사람은 일도 못하는 데다 감도 떨어지고 여러모로 부담스럽다"고 판단되면 어느 순간 팽 당하고 만다. '어디서 쉽게 구할 수 없는 유니크한 상품'이자 '팀에 꼭 필요한 상품'으로 나를 마케팅해보는 건 어떨까. 탄탄한 나만의 실력을 바탕으로, '나'를 효과적으로 마케팅할 줄 아는 사람이 진정한 '프로'다.

"아, 그 사람이 다니는 회사구나!"

●   "내 지갑을 훔치는 것은 내 쓰레기를 훔치는 것이다. 그러나 내 이름을 훔치는 것은 내 목숨을 훔치는 것이다."

셰익스피어 4대 비극의 하나인 〈오델로〉에 등장하는, 이름의 중요성을 논한 인상적인 대사다. 이는 이름이 곧 인격이요, 자신의 재산이라는 뜻이다. 그런가 하면 이스라엘 사람들은 "아름다운 이름이 보배로운 기름보다 낫다"고 말한다. 이스라엘 사람들에게 기름은 재물이자 부의 상징이다. 보배로운 기름보다 아름다운 이름이 낫다는 것은 본능적으로 귀하게 여기기 마련인 재물보다 명예를 중히 여긴다는 의미다. '호랑이는 죽어서 가죽을 남기고 사람은 죽어서 이름을 남긴다'는 속담도 명예를 중시하는 우리나라 사람들의 마음을 대변하고 있다.

예나 지금이나 이름의 중요성은 높이 평가받고 있지만, 그 의미는 약간 달라졌다. 예전에는 이름이 지조와 기개, 청렴함과 연결되었다면 현대에는 자신을 알리는 일종의 기호, '브랜드'가 되고 있다.

보통 프리랜서는 자기 전문 분야의 담당자들에게 이름이 알려지면 먹고 사는 데 지장이 없다. 그러나 요즘 점점 대중을 클라이언트로 삼는 프리랜서가 늘어나면서 양상이 달라지고 있다. 생산물을 회사에 납품하는 것을 넘어서서 시중에 내놓고 직접 소비자를 만나는 자유로운 프리랜서들이 늘고 있다. 책을 낼 때 출판사가 제작과 프로모션을 담당하지만 저자의 지명도가 판매에 지대한 영향을 미치는 것처럼, 주로 인터넷을 기반으로 활동하는 수많은 프리랜서들도 브랜드에 따라 가치 차이가 크다.

그렇다면 브랜드의 가치는 어떻게 높일 수 있을까? 브랜드는 자신만의 고유한 가치가 있어야만 폭발력이 생긴다. 브랜드는 경력에 비례해 차츰 알려지는 것이 아니다. 오래 활동해도 소비자가 전혀 모르는 경우가 수두룩하다. 그런가 하면 어느 날 브랜드 가치가 올라가면서 엄청난 태풍을 몰고 오는 경우도 있다. 하루아침에 유명해지는 브랜드는 대개 몇 가지 특징이 있다. 그 시점에 소비자들이 기다리던 제품이었거나, 외부적 요인으로 순식간에 홍보가 되면서 상승기류가 형성되는 경우다. 오랜 기간 쌓은 내공이 드디어 농익어서 알려지는 바람직한 케이스도 있다.

하지만 제아무리 노력해도, 정말 좋은 제품인데도 쓸쓸히 무대 밖으로 사라지는 일이 얼마든지 있다. 브랜드 알리기에는 정석이 없다. 열심히 하는 가운데 알 수 없는 힘이 도와주기만 바랄 뿐이다. 브랜드가 알려졌다고 해서 안전한 것도 아니다. 유명해진 이후에는 소비자들의 기호에 맞는 양질의 제품을 계속 선보여야 롱런할 수 있다.

최근에는 브랜드를 알릴 수 있는 수단이 다양해지면서 누가 더 부지런하고 기발한가에서 성패가 갈린다. 다양한 변수가 곳곳에 존재하는 시장에서는 새로운 아이디어로 끊임없이 도전하는 수밖에 없다. 변화 속도가 빨라진 만큼, 자기를 알리기 위해 부단히 노력해야 한다.

프리랜서들의 경쟁력 중 하나는 잘 관리된 커리어에 있다. 일을 주도적으로 선택할 수 있으니 일관성 있는 커리어를 구축할 수 있고, 이를 바탕으로 자기 브랜드를 만들어 알리기가 용이하다. 프리랜서 초창기에는 닥치는 대로 일을 하지만, 어느 정도 경력이 쌓이면 일을 선택할 수 있게 된다. 같은 계통의 일이어도 세분화해 전문성을 쌓고, 한 차원 높은 단계로 진입하는 프리랜서들도 있다. 한 분야에 대해 지속적으로 취재해 책을 내고, 동일 계통의 석·박사학위를 취득해 대학 강단에 서는 사람도 있다.

당연한 이야기지만, 프리랜서에게만 브랜드가 중요한 것은 아니다. 직장인들도 자신의 브랜드 관리 전략을 수립해 실천해야 한다. 아무래도 조직에 매여 있다 보면 변화무쌍한 외부 상황에 신속하게 대응하기 힘든 약점이 있다. 그런 경우는 조직 내에서 실력을 쌓으며 항상 귀를 열어놓아야 한다. 그나마 젊은 직원들은 외부와 창구를 열어놓고 다양한 교류를 하지만 나이 많은 상사들은 급변하는 환경에 적응하기가 쉽지 않다. 일단 '변화'라는 키워드를 놓치면 안 된다. 사람들은 저마다 새로운 브랜드를 구축해 마구 달리는 중이다. 잠시 한눈 팔면 적응하기 힘들다. 죽어라 따라가는 수밖에 없다. 속도를 늦추는 것보다 발맞

추는 것이 자신에게 유리하다.

몇 년 만에 연락해보면 전혀 엉뚱한 분야의 일을 하는 직장인들이 종종 있다. 이는 자기 브랜드를 관리한다는 측면에서 바람직하지 못하다. 여건이 좋지 않더라도, 직장에서 어느 정도 자리를 잡으면 동일 계통의 일을 하며 실력과 경력을 쌓는 게 중요하다. 확실한 전문가로 성장해 자리 잡으면 회사에서 그를 활용하고, 내세우려고 할 것이다.

요즘에는 회사마다 그 회사를 대표하는 유명인사가 있다. 같이 출발했는데, 어느 틈에 동료는 회사의 간판으로 성장했다면 그 기분이 어떻겠는가. 우리 회사가 내세우는 사람이 되어야 한다. 스스로 열심히 노력해 자기 자신을 부각시켜라. 어느 정도 눈에 띄면 그 다음에는 회사에서 전략적으로 브랜드화를 돕는다.

언론사의 경우 흔히 '스타 기자', '스타 PD'라고 불리는 이들이 있다. 눈에 띄는 자리에 있었기 때문이라고 할 수도 있지만, 그 자리로 가기까지 스스로의 피땀 어린 노력이 있었음을 기억해야 한다.

CJ오쇼핑의 대표적인 쇼호스트 장문정 씨는 2009년 12월 8일 단 1시간 만에 84억 원어치의 휴대폰을 판 기록을 갖고 있다. 거의 모든 상품을 다룬 그는 요즘 판매하기 까다롭다는 보험상품, 건강식품, 가전제품을 주로 맡고 있다. 인터뷰하러 간 날에는 '법률보험상품'이라는 물건을 어떻게 팔 것인가 고민하고 있었다.

그는 입사 이후 대학원에 진학해 공부하는 등 전문성을 높이기 위해 노력했고, 110편의 국외 논문과 90여 편의 국내 논문, 국내외 학술지와 관련서적을 분석해 설득 마케팅 관련 책을 출간하기도 했다. 얼굴만 알려진 쇼호스트가 아니라 전문성을 갖춘 쇼호스트로 인정받아 기업 강연도 하고 있다. 장문정 씨는 '똑똑한 쇼호스트'라는 브랜드로 회사가 판매하는 물건을 신뢰할 수 있도록 하는 데 일조하고 있다.

프리랜서만이 개인 브랜드를 구축할 수 있는 것은 아니다. 직장에 적을 두고 있으면서도 개인 브랜드를 구축하고 승승장구하는 이들이 얼마든지 있다. '어느 회사의 누구'로 만족하지 말고 "아, 그 사람이 다니는 회사구나!"라는 소리를 듣는 주인공으로 스스로를 진화시켜라. 나를 회사의 비밀병기로 키우면 자신이 부각되면서 브랜드화되는 때가 온다. 회사가 자랑하고 싶은 '우리 회사 개인 브랜드'는 스스로 만드는 것이다. 이것이 회사도, 나도 '윈-윈'할 수 있는 전략이다.

목소리에도
표정이 있다

●   '3.6명만 거치면 어떤 사람이든 다 알게 되는 시대' 운운하는 것도 이제 낡은 셈법이 되어버렸다. 요즘은 SNS 검색창에 이름만 치면 누구든 그에 대한 정보가 툭 튀어나온다. 이렇듯 자신에 대한 정보가 금방 드러나는 시대이니만큼 자기관리에 더 철저해야 한다. 자신의 이미지를 어떻게 가꿔야 할지 고민하고, 내 이미지를 남들에게 제대로 각인시켜야 하는 시대가 되었다.

요즘은 대개 전화나 문자로 사람을 먼저 만난다. 그러니 문자 한 줄, 메일 한 건, 한 통의 전화 목소리에서 상대방의 감정을 읽으려고 애쓴다. 나 같은 경우 오랜 기간 전화로 섭외를 하다 보니 목소리가 정말 많은 표정을 가졌다는 걸 깨닫게 되었다. 그러다 보니 목소리로 상대방의 성격과 인성을 어느 정도까지는 파악할 수 있다. 상대방이 곤란한 상황이거나 굉장히 기분 나쁜 일이 있어서 평소와 다른 경우도 있겠지만, 그렇다 하더라도 전화선을 타고 들려오는 목소리에서 그 사람의 면모가 일정 부분 드러나기 마련이다.

일을 하다 보면 아무래도 중요한 사안은 일방적인 소통 수단인 문자나 메일보다는 쌍방 소통이 가능한 전화로 직접 이야기하게 된다. 그것이 예의라고 생각하기 때문이다. 그러므로 실제 외양에서 보이는 이미지도 중요하지만, 직접 대면하기 힘들 때 목소리로 풍기는 이미지 또한 관리해야 할 대상 중 하나다. 얼굴을 맞대고 이야기하는 것이 아니기 때문에 더 조심하고 주의해야 하며, 많은 공을 들여야 한다.

다양한 사례를 모은 다음, 이에 대해 전문가의 진단을 받는 기사를 쓴 적이 있다. 이를 위해 의사 세 사람에게 도움을 받기 위해 전화를 했다. TV에 자주 나오는 모 정신과 의사는 내가 취지를 설명하고 "한 말씀 부탁드린다"고 하자 전화선에서 싸늘한 냉기가 흘러나오는 느낌이 들 정도의 차가운 음성으로 "안 합니다"라고 딱 잘라 거절했다. 순간 '억' 하고 기가 막혀서 3초 정도 대답을 못하다가 "잘 알겠습니다" 하고 전화를 끊었다. 그다음부터 그 의사가 방송에 나와서 "사람을 따뜻하게 대해줘야 하고…" 하면 채널을 돌려버린다. '방송용 이미지'라는 걸 따로 가진 사람이 있는데, 그 대표적인 인물이 아닐 수 없다. 이런 사람은 방송에 출연할 정도로 유명세는 있을지 몰라도 프로는 못 된다. 자신의 이미지가 나빠질 게 뻔한 행동을 스스럼없이 하고 있기 때문이다. 소위 '잘나가는 사람'들이 조금만 그 시기가 지나면 실망을 주는 경우가 있는데, 이런 부류의 이들이 그렇다. 안에서 새는 바가지

나가서도 샌다고, 언젠가는 본색이 드러나기 마련이므로 그게 치명타가 되어 어느 순간 바닥에 가라앉게 된다.

역시 방송에 자주 등장하는 유명종합병원 의사에게 전화로 "도움 말씀 좀 부탁드린다"고 했더니 이런 답변이 돌아왔다. "솔직히 내 커리어가 한두 줄 언급될 정도는 넘어섰다고 생각한다. 그리고 내가 무슨 얘기를 하면 기자들이 자기들 입맛대로 갖다 붙이는 경우가 많다. 작게라도 박스로 해서 내 말을 따로 언급해주면 응하겠다." 조금도 기분 나쁘지 않은 말투였고, 게다가 자신이 인터뷰에 응할 방법까지 제시하니 일처리도 명쾌했다. 당연히 감사 인사를 드리고 말씀을 받아 박스로 처리했다.

정신과 전문의 김정일 선생은 도움말을 요청하면 언제든 친절한 목소리로 답해주신다. 그래서 의학기사를 쓰거나 사회현상을 분석할 때 자주 전화해 여러 차례 도움 말씀을 들었다. 언젠가 인지치료에 관한 기사를 쓸 때 여기저기 전문가를 찾아봤지만 마땅한 사람이 없었다. 그래서 김정일 선생한테 전화를 했더니 "나는 그 분야 전문이 아니다. 이러이러한 책을 찾아봐라. 거기에 자세히 나와 있다"고 답해주었다. 그런 분들께는 늘 고마운 마음을 갖고 있다.

전화는 얼굴을 마주할 수 없기 때문에 목소리 하나로 판단할 수밖에 없다. 그렇기 때문에 숨소리 하나에도 민감하게 된다. 특히 나 자신이 아니라 내 회사나 나의 상사, 나의 동료 등 다른 사람을 대변하는 입장일 때는 더욱 조심해야 한다. 개인 브랜드를 갖고 있는 사람들은 기분 나쁜 티를 내면서 거절을 하든 화를 내든 그건 자기 몫이다. 좋지 않은 이미지로 생기는 손해를 자신이 감내하면 되기 때문이다. 하지만 직장인은 다르다. 외부 전화를 받았을 경우 스스로가 회사의 얼굴이자 대표라는 자세로 임해야 한다.

회사에 전화했을 때 행여 불친절하면 사람들은 '그 회사=불친절'이라고 규정해버린다. 그렇게 생각만 하는 게 아니라 '어디에 전화했는데 기분 나빠 죽는 줄 알았다'고 주위 사람들에게 불만을 토로하거나, 더 적극적인 사람들의 경우 여기저기에 글을 올린다. 전화를 받은 직원은 모르는 상대에게 무심히 말한 것에 불과할지 모르지만, 그 순간 회사 브랜드에 흠집이 난다. 나는 모르지만 상대는 나를, 우리 회사를 잘 안다고 생각하고 무조건 친절하게 응대하는 게 최선책이다.

경험이 쌓일수록 말수가 적어지고 슬기를 깨칠수록 감정을 억제한다지 않은가. 말을 할 때는 목소리에서부터 진심을 담아 친절하게 전해야 한다. 마주 보지 않고 목소리로만 사람을 대할 때도 최선을 다하는 사람이야말로 진정한 프로다.

professional

상대가 기분 나쁘지 않게
거절해야 프로다

● 　　일을 하다 보면 거절을 해야 할 때가 종종 생긴다. 프리랜서 초기에는 거절당하는 경우가 많지만 점점 경력이 쌓이면서 거절해야 할 일이 많아진다. 갑의 입장에 있는 사람은 거절하는 게 어떻게 보면 당연하지만, 을의 입장인 프리랜서로서는 거절하는 게 쉽지 않다. 잘 못 거절했다가는 영영 거래가 끊어지기 때문이다. 사정을 충분히 얘기하고, "이번에는 이런 사정이 있어서 못하지만 다음에 혹시 기회가 온다면 열심히 하겠다"고 공손히 얘기해야 한다. 가장 좋은 방법은 대타를 구해서 제시하는 것이다. 만약 더 이상 여러 조건이 맞지 않아 거래를 끊고 싶을 때도 최대한 정중하게 거절해야 한다. "이야~ 배은망덕도 유분수지. 많이 컸네" 하는 인식을 남기지 않도록 세심하게 행동해야 한다.

　상대방이 기분 나쁘지 않게 거절할 줄 알아야 프로다. 거절이야말로 사람에게 가장 큰 상실감을 안겨주기 때문이다. 비단 사귀던 애인과 헤어질 때만 상실감으로 고통받는 게 아니다. 인간적으로든 업무적으로든, 나에 대한 기대가 높은 사람은 상실감을 크게 느낄 잠재적 대상이기도 하다. 그렇기 때문에 거절할 때는 따뜻하게 배려하고 최대한 정중한 태도를 취해야 한다.

얼마 전 왕년에 톱스타였고 사회적 이미지가 좋은 남자 탤런트에게 섭외 전화를 한 적이 있다. 요즘 매니저들은 배우보다 더 고자세인 데다 무조건 거절하는 경우가 많아 고민하다가 그 탤런트에게 바로 전화를 했다. 처음에는 안 받다가 한참 후 전화하니 받았다. "여보세요" 하는 목소리에 벌써 화가 묻어 있었다. 다급하고 미안한 목소리로 "무슨 매체다. 예전에 한 번 인터뷰하신 적 있는데 기억나시냐"고 물었더니 귀찮다는 목소리로 "잘 기억 안 난다"고 했다. "요즘 바쁘신 건 아는데, 인터뷰 요청 때문에 전화했다"고 하니 말을 채 끝내기도 전에 싸늘한 목소리로 "바쁘다, 인터뷰 안 한다"고 거절한 뒤 "앞으로 매니저 통해서 전화하라"고 말하고는 끊어버렸다. 모멸감이 느껴질 정도로 차가운 목소리였다. 화면에 나와 화사하게 웃으며 공익광고를 할 때와는 딴판이었다. 매니저를 통하지 않고 바로 전화한 것이 몹시 기분 나쁜 듯했다. 물론 내가 절차를 건너뛴 것은 맞다. 그렇더라도 사적으로 만나자는 것도 아니고 인터뷰 요청인데, 그런 식으로 자신의 이미지를 나쁘게 할 필요가 있었을까. 그렇게 생각하지 않았더라도 상대방이 그런 생각을 할 만큼 기분 나쁘게 전화를 받는 건, 순간 스트레스 해소는 되었을지 몰라도 별로 좋은 방법은 아니다.

'매니저를 통하지 않고 바로 전화하니깐 귀찮다. 그렇지만 나에게 관심을 보여주니 고맙다'는 마음으로 "연락주셔서 감사한데, 제가 좀 바빠서요. 다음에 연락주십시오. 그때는 매니저에게 연락주시면 고맙겠습니다"라고 응대했다면 어땠을까? 무리한 욕심일까? 어쨌든 그날 느낀 건 그는 프로가 아니라는 사실이었다.

거절감은 기억에 오래 남는다. 거절을 하더라도 상대가 거절감이 들지 않도록 배려할 필요가 있다. 직장인들은 자신의 이미지가 곧 회사의 이미지라는 각오로, 외부 인사를 대할 때 가능한 한 좋은 인상을 남기려 노력해야 한다. 특히 앞서도 이야기했지만, 전화는 얼굴을 마주할 수 없기 때문에 목소리 하나로 판단할 수밖에 없다. 그렇기 때문에 숨소리 하나에도 민감하게 된다. 다른 사람을 대신해 전화로 거절을 해야 할 때는 특히 더 주의하고 조심해야 한다.

가장 거절을 많이 하는 부류라면 단연 연예인 매니저들이다. 스타들은 바쁘고 매체는 많아졌으니, 거의 대부분 거절을 한다. 대단한 매체가 아니라면 인터뷰하기가 여간 어렵지 않다. 어쩔 수 없는 상황이겠으나, '아 다르고 어 다르다'고 거절을 하는 데도 수준이 있다.

한 한류스타의 매니저는 전화할 때마다 심드렁하게 받았다. 이러저러한 일로 인터뷰를 하고 싶다고 하자 귀찮아 죽겠다는 목소리로 성의 없이 몇 마디 대꾸하다가 "지금 차가 터널로 들어가니 전화가 끊어질 것"이라며 전화를 끊었다. 다음에 전화했을 때도 또 터널 핑계를 댔다. 여러 사람한테 전화를 받으니 내가 두 번째 전화했다는 사실도 모르는 것 같았다. 정황을 보아하니 누구에게나 그런 식으로 대하는 모양이었다. 며칠 후 전화를 걸어서 내가 먼저 말했다.

"혹시 지금 터널 앞인가요? 또 전화 끊어지겠죠?"

그러자 그제야 미안한 듯 "스케줄 보고 연락 드리겠습니다"라고 답했다. 하지만 연락은 오지 않았다. 그 매니저와 함께 일하는 여자 스타가 TV에 나올 때마다 '잘못하다 이미지 흐려질지도 모르는데…'라고 걱정했는데, 얼마 안 가 그 매니저와 여자 스타가 결별했다는 소식이 들려왔다. 내가 괜히 안도의 한숨이 나왔다.

더 주가가 높은 한류스타의 매니저는 안 되면 안 된다고 확실하게 답해 오히려 호감이 갔다. "요즘 인터뷰에 일절 응하지 못하고 있습니다. 죄송합니다. 아마 다음에 기자회견을 할 것 같은데 그때 전화 드리겠습니다." 차라리 이렇게 말하는 게 낫지, 심드렁한 목소리로 터널에 들어가는 중이라고 핑계나 대는 매니저와 일하면 비난은 결국 스타에게 돌아가게 된다.

매사 조금만 더 여유 있게 생각하면 그렇게 빡빡할 이유가 없다. 예전에 대학총장을 지낸 분과 인터뷰를 하고 싶어 전화를 건 적이 있었다. 어떤 남자분이 전화를 받기에 "○○○ 총장님 비서분 좀 바꿔주세요"라고 말했다. 그리 크지 않은 조직에 전화하면 경비원이 전화를 받아서 연결해주는 경우가 종종 있기 때문이다. 그리고 높은 분일수록 홍보실보다 비서에게 연락하는 게 약속 잡기가 수월하다. 전화를 받은 남자 분이 "꼭 그 비서를 바꿔줘야 하냐"고 묻기에, "네, 꼭 그 비서를 바꿔주세요. ○○○ 총장님 인터뷰 때문에 그렇습니다"라고 말했다. 그랬더니 그분이 너털웃음을 웃으시며 부드러운 목소리로 "제가 ○○○ 입니다"라고 답하는 게 아닌가. 그래서 한참 웃고 화기애애하게 전화 인터뷰를 한 적이 있다. 사회적으로 지위가 높은 분이라도 전화를 걸어 "어떻게 해서 번호를 알게 되었고 무슨 일 때문에 전화했다"고 설명하면 설령 내심 귀찮을지라도 "누구를 거쳐서 하라"는 식으로 차갑게 말하는 경우는 거의 없다. 상대방을 대할 줄 아는 고수들이다.

거절당했지만 상대를 기분 좋게 기억하는 경우도 많다. 예전에 성신여대 손석희 교수가 MBC에 근무할 때 인터뷰를 요청한 적이 있다. 그냥 "바빠서 못 한다"고 해도 될 텐데 "지금 노조 일을 맡고 있다. 다들 애쓰는데 혼자 이런저런 매체에 조명되는 게 부담된다. 이해해주기 바란다"고 멋진 목소리로 사정을 설명해주었다. 마치 십년지기에게라도 하듯 자연스러운 말투에 기분이 나쁘기는커녕 '한 수 배웠다'는 생각이 들었다.

때로는 인터뷰 요청서를 보내면 본인이 직접 하지 않는다 하더라도 비서를 시켜서 "정말 고마운데 이번에 시간이 없다. 다음에 연락주시면 고맙겠다"고 인사를 하는 분들이 있다. 그러면 거절당해도 마음이 따뜻하고 기억에 남는다. 사소한 부분까지도 신경 쓰는 사람이 고수이고 프로다.

물론 거절하는 것이 쉬운 일은 아니다. '당신이 원하는 것을 줄 수 없다'는 이야기는 아무리 부드럽게 해도 마냥 기분 좋게 받아들일 수만은 없기 때문이다. 진심을 담아 솔직하게 말하는 것이 최선이다. 친절하되 가식적이지 않게, 상대의 마음이 상하지 않게 진심을 담을 줄 아는 이가 프로다.

바닥을
드러내지 말라

● 　　같은 업계에서 일을 하다 보면 헤어졌다 다시 만나고, 또다시 만나지는 못해도 건너건너 연락을 듣게 되는 사람들이 많다. 오랜만에 소식을 들으면 햇병아리였는데 성공한 CEO가 됐다며 언론에 크게 보도되는 이들도 있다. 그런가 하면 예전에 직원 수십 명을 거느렸던 기획사 사장이 어느 순간 회사가 기울어 월급사장으로 전전한다는 씁쓸한 소식도 들려온다. 가끔은 까맣게 잊었던 사람으로부터 연락이 오기도 한다. 그래도 과거 기억을 떠올리며 다시 만나 반갑게 옛날 이야기를 할 수 있는 것은 나쁘게 헤어지지 않은 덕분이다.

　함께 일을 하다 보면 본의 아니게 사이가 틀어질 수도 있는데, 가장 조심해야 할 점은 바닥을 드러내선 안 된다는 것이다. 특히 치명적인 말은 서로를 바닥까지 끌고 가 회복할 수 없는 관계를 만드니 주의해야 한다. 철천지원수도 아닌데 도저히 다시 만날 수 없을 정도로 악한 말을 하거나, 분을 못 참고 납득할 수 없는 난동을 부려 다시는 만나고 싶지 않은 인물로 스스로를 부각시키는 것은 어리석은 짓이다. 그 순간 화가 난다 하더라도 끝장을 봐서는 안 된다. 오죽하면 '입에 재갈을 물리면 목숨을 지키지만 입을 함부로 놀리면 목숨을 잃는다'는 잠언이 있겠는가. 상대에게 모욕을 주면서 히스테리를 부리면 그 순간은 속이 시원할지 모르지만, 그로써 모든 관계는 끝난다. 자기 자신의 바닥을 스스로 드러내고 나면 남는 건 수치심과 후회밖에 없다. 자기 자신의 감정을 컨트롤할 줄 아는 사람이야말로 진정한 고수다.

특히 클라이언트 입장일 때는 더욱 그 바닥을 드러내지 않도록 조심해야 한다. 약자가 당하면 억울함이 급팽창하기 때문이다. 직장인들은 아무리 직급이 낮아도 외부사람을 대할 때 회사를 대표한 클라이언트다. 클라이언트는 웬만해선 겸손하게 보이지 않는다는 약점이 있다. 그래서 당연히 할 말을 하는데도 '목에 힘이 들어갔다' '가진 자의 횡포다'라는 소리를 들을 수 있다. 그런 불리한 점을 극복하려면 조금 더 부드럽게, 조금 더 겸손하게, 조금 더 낮은 목소리로 말하는 수밖에 없다. 갑으로서 감내해야 할 고충이다. 을의 입장에서 일하는 사람들은 담당자들의 목소리 톤, 말투 하나까지 다 신경 쓰이기 마련이다. 해야할 말은 반드시 하되, 회사를 등에 업고 횡포를 부린다는 인상을 주지 않도록 조심해서 행동해야 한다. 몇 년 일해서 편한 사이가 된 것 같아도 갑과 을 사이에는 묘한 기류가 늘 떠다니기 때문이다.

담당자는 외부인사가 자신의 평가원이 된다는 사실을 잊어서는 안된다. 외부인은 회사 내 다른 사람, 특히 상사와도 교류할 수 있기 때문이다. 평소 태도가 마음에 안 들었다면, 이를 담아두고 있다가 상사에게 한두 마디 평가를 전할 수도 있다. 본인이 내켜서 하는 경우도 있지만 어쩔 수 없을 때도 있다. 상사들은 부하들이 어떻게 일하는지 늘 궁금해하기 마련이다. 상사가 노골적으로 '우리 직원 어떠냐'고 묻는 경우도 있고, 일이 진행되는 과정에서 밝혀지는 사안들도 있다. 외부 인사가 부담스러워서 "노 코멘트"라고 하면 상사는 단박에 그간의 분위기를 알게 된다.

가장 좋은 방법은 진심으로 대하고 기준을 확실히 세우는 것이다. 빡빡하게 보이지 않도록 유의하면서 "이 선을 넘기면 안 된다"는 것을 은연중에 알려주고, 일할 분위기를 조성하는 담당자라면 고수 중의 고수다.

편집장을 따라가서 종종 '정리걸' 역할을 한 적이 있다. 유명인사와 편집장이 인터뷰할 때 동행해서 녹음하고 나중에 기사를 정리하는 일이다. 기사가 나갈 때 '정리 ○○○'라는 바이라인이 달린다. 정리걸은 수지맞는 장사가 아닐 수 없다. 나의 레벨에서는 도저히 접할 수 없는 대단한 명사를 만날 수 있고, 초특급 기자인 편집장의 인터뷰 솜씨를 옆에서 고스란히 보고 배울 수 있기 때문이다.

어느 날, 정치계 거물과 편집장의 만남에 따라가서 녹음이 잘되나 안 되나 노심초사하면서 앉아 있었다. 역시 한 차원 높은 얘기가 오갔다. 거물에게 편집장이 "다음 대통령 선거에 출마하시라"고 권했다. 그러자 그분은 "나는 정계를 은퇴했다. 절대 대통령 선거에 나가지 않는다"고 딱 잘라 말했다. 편집장이 세 번 물었는데 두 번은 "안 나갑니다"라고 말했고 마지막에는 목소리를 약간 높여 "절대 안 나갑니다"라고 마침표를 꽉 찍었다. 그때 편집장이 이렇게 권했다.

"여지를 남기시는 게 좋습니다."

그런데도 그분은 절대 안 나간다고 했고, 기사에 "거물께서는 절대 정계 복귀의사가 없다, 당연히 대통령 선거에 안 나온다고 하셨다"고 썼다. 그러나 그분은 얼마 후 대통령 선거에 출마했고, 당선되었다.

사람의 일이란 장담할 수 없는 것이다. 진리 앞에서는 단호해야 하지만, 그 외 사람이 하는 일에는 여지를 남기는 게 좋다는 걸 그때 배웠다.

마음의 바닥은 서로의 감정을 직접 건드리는 상황에 처했을 때 더 드러나기 쉽다. 갈등이 생기거나, 서로의 잘못을 지적할 일이 생길 때가 그렇다. 다툼이 생겼을 때 여지를 남기고 적당한 선에서 끝내는 것이 쉽지는 않다. 그러나 한발 양보해 잘 해결하는 게 훨씬 지혜로운 일이다. 굳이 바닥까지 모두 드러내 피할 수 없는 상황을 만드는 건 이래저래 득될 게 없다. 세월이 가면 그때 받은 모멸감이나 불쾌감은 사라지겠지만 당사자를 다시 만나고 싶은 마음은 들지 않는다. 바닥을 보여준 상대가 또다시 그럴 거라고 예측하기 때문이다.

사람들이 다투는 것만큼이나 싫어하는 게 지적당하는 것이다. 그런데 바른말을 콕콕 집어서 하는 사람들이 있다. 권위 있는 전문가가 지적해도 쉽사리 인정하고 싶지 않은 것이 사람 심리다. 그러니 상사의 말을 부하들이 받아들이지 못하는 것이다. 원수를 만들려면 지적하고 친구를 만들려면 칭찬하라는 말이 있다. "아니, 내가 뭐 틀린 말 했어? 없는 말 했냐고. 나 경우 바른 사람이야. 잘되라고 해주는 말이라니까" 라고 몇 번 말하면 평생 보고 싶지 않은 사람 리스트에 오르기 딱 좋다. 프랑스 속담에 '사실을 지적받는 것보다 뼈아픈 건 없다'는 말이 있다. 지적하고 싶다면 그것이 진정한 조언처럼 전해질 수 있도록 진심을 담아 이야기하든지, 표 안 나게 돌려서 하라. 그럴 재주가 없으면 안 하는 게 낫다.

만약 업무상 일을 진행하다가 도저히 참고 넘기기 어려운 불쾌한 일이 생겼다면, 사적인 감정을 분출해 해결하려 들지 말고 공적으로 처리하라. 그것이 훨씬 현명하고 깔끔한 방법이다.

업무를 비롯한 세상 모든 일의 시작은 대개 사람을 선택하는 것에서부터 비롯된다. 냉정하게 판단해 사적으로 만날 관계가 아니라 업무상 관계에서 그칠 사람이라면, 그 사람이 싫어할 만한 행동은 굳이 하지 않는 게 좋다. 두 번 다시 보기 껄끄럽도록 바닥을 보이는 치명적인 행동은 하지 않는 것이 프로다.

감사는 '마음'이 아닌
'행동'으로

●   "니 생일엔 명품가방, 내 생일엔 십자수냐!"

KBS 〈개그콘서트〉에서 한때 높은 인기를 누렸던 코너, '남보원'에서 남자 셋이 야속한 애인들을 향해 토로한 불만이다. 주변 사람들한테 십자수 선물에 대해 물었을 때 남자들은 대개 별로라는 반응을 보였다. 하지만 여자들은 "얼마나 정성스러운 건데, 남자들이 이상하다"고 말했다. 그런데 누가 "그거 십자수 뜨는 데 맡기면 금방 해요"라고 말해 다들 웃고 말았다.

프로는 센스 있게 감사를 전할 줄 알아야 한다. 말로만 감사하다, 입으로만 은혜 입었다고 밤낮 얘기해봐야 소용 없다. 감사하면 그걸 상대가 느낄 수 있도록 표현해야 한다. 그렇다고 뇌물을 건네라는 것은 절대 아니다. 내게 고마워서 무언가를 준다는 데 싫어할 사람은 아무도 없다. 고맙고 감사한 이들에게 부담스럽지 않게 자신의 마음을 적절히 표현할 줄 아는 것, 그것 또한 프로의 능력이다.

일을 하다 보면 가끔 선물을 해야 할 일이 생긴다. 그럴 때마다 대체 뭘 준비해야 할지 참 난감하다. 너무 가벼운 선물을 하면 실례인 것 같고, 그렇다고 비싼 걸 하면 상대가 부담스러워할 것 같아 선물을 할 때마다 늘 고심하게 된다.

내 책이 나올 때마다 단지 후배라는 이유만으로 늘 보도를 해주는 선배가 있어 선물을 하려고 보니 아이디어가 떠오르지 않았다. 그래서 그 선배를 잘 아는 기자한테 물어봤더니 "떡을 보내. 선배 앞으로 보내면 풀어놓고 다 같이 먹고, 그러면 선배가 면이 서잖아. 그게 제일 좋아"라고 했다. 그래서 떡을 보냈더니 나중에 선배가 "아주 잘 먹었다"며 기분 좋아했다. 실제로 사무실에 드나들다 보면 때 아닌 잔치가 벌어져 잘 얻어먹고 오는 경우가 있다. 지방에서 온 방문자가 특산물을 갖고 오기도 하고, 드링크를 사와서 돌리기도 하고, 도넛을 몇 박스 사와서 풀어놓는 사람도 있다.

프리랜서를 기용하는 담당자들한테 무슨 선물을 받았을 때 기분 좋았는지 물어보았다. 다들 부담스럽지 않되 정성이 담긴 선물에 감동한다고 했다. 어떤 담당자는 패션스타일리스트가 한복을 만드는 천으로 직접 만든 목도리를 선물 받고 몹시 기뻤다고 했다. "보라색과 회색을 배합해서 독특하고 예쁜 데다 내 생각을 하면서 만들었다고 해 그 목도리를 할 때마다 늘 감사한다." 그런가 하면 소품을 만드는 디자이너에게 헤어밴드와 휴대폰 번호를 직접 수놓은 십자수 쿠션 등을 선물 받은 담당자도 있다. 애인에게 받은 십자수는 애물단지(?)일지 몰라도 그 분야 최고가 만든 유일한 물건이라면 더할 나위 없이 기쁘지 않을까?

푸드 스타일리스트가 도시락을 보자기에 정성스럽게 싸갖고 왔을 때 감동의 도가니였다는 담당자도 있었다. 보자기와 그릇도 예쁜 데다 요리 자체가 한 폭의 그림이었다고 회상했다. 도저히 먹을 수가 없어 본부장에게 갖고 갔더니, 본부장 역시 "아까워서 못 먹겠다"며 탄성을 질렀다고 한다. 더욱 감동이었던 건 "보자기와 그릇도 선물입니다"라고 쓴 쪽지였다. 시장에서 대충 구입한 피크닉 세트와는 차원이 다른 그릇까지 선물이었던 셈이다. 선물한 이의 센스가 빛나는 순간이다. 업계 최고들이 나를 위해 직접 정성을 쏟은, 세상에 단 하나밖에 없는 선물을 받으면 감동이 물결칠 수밖에 없다.

선물 받는 사람에 대한 관심이 없으면 하기 힘든 톡톡 튀는 선물도 인기 만점이다. 어떤 담당자는 큰 인형이 달린 핸드폰 고리를 선물받았다며 "담당자님 생각해서 요즘 유행하는 거 샀어요"라고 말할 때 감동받았다고 했다. 직접 달고 다닐 수는 없지만 자신을 위해 선물을 고른 정성과 센스가 기억에 남는 선물이었다는 것이다.

홍보회사의 G는 톡톡 튀는 선물을 하는 것으로 유명하다. 어떤 담당자는 가장 기억에 남는 선물로 G가 보내준 초콜릿이 주렁주렁 달린 트리를 꼽았다. 사무실에 세워놓고 드나드는 사람들이 초콜릿을 뜯어 먹을 수 있도록 해 모두가 재미있어 했고, 결정적으로 초콜릿을 다 먹자 예쁜 트리가 자태를 드러냈다고 한다. 엄청나게 큰 박스에 촌스러운 옛날 과자를 듬뿍 담아서 선물한 홍보회사도 있었다고 한다. 소라 과자, 뻥튀기, 별사탕, 쫀드기 등 추억의 과자를 얼마나 많이 모았는지 사무실 사람들이 다 나눠 먹고도 남았고, 먹으면서 다들 추억을 떠올리며 즐거워했다는 후문이다.

어떤 홍보회사 직원은 실장으로 승진한 기념으로 평소 고맙게 생각한 담당자에게 결코 잊지 못할 선물을 했다. 이벤트 회사에 의뢰해 키다리아저씨 분장을 한 사람을 담당자 집으로 보내 꽃과 선물을 전해준 것이다. 선물할 때 노래 부르는 순서도 있었다고 한다. 꽃에 '늘 감사드리는 ○○ 님에게'로 시작하는 편지가 꽂혀 있었음은 물론이다. 거기에 한술 더 떠 존경하는 분에게 대신 이벤트를 벌여줄 테니, 명단을 보내라는 당부까지 해 그 담당자는 감동에 흠뻑 빠질 수밖에 없었다.

내가 들은 최고의 센스 만점 선물은 골드미스 여기자가 받았다는 남자향수다. 기자가 선물상자를 열었을 때 이런 편지가 들어 있었다고 한다. '기자님, 요즘 살짝 쓸쓸하시죠? 멋진 남자 곧 만나실 거예요. 잠깐이겠지만, 멋진 왕자님 만나기 전까지 이 향수를 베개 밑에 뿌리고 주무세요.' 그 아래 이런 내용도 있었다고 한다. '향수를 뿌린 다음 뒤돌아서보세요. 그러면 멋진 남자가 백허그하는 느낌이 드실 거예요.'

그런가 하면 들이는 공에 비해 다가오는 감동이 큰 선물도 있다. 기자들이 해외촬영을 가면 한 도시, 그것도 촬영과 관계된 곳만 뱅뱅 돌다 돌아오기 일쑤다. 돌아서면 다음호 잡지를 만들어야 하는 기자들이 한가하게 놀 시간이 없는 것이다. 그런데 밀라노에 촬영간 기자가 작업을 끝내고 로마에서 하루 지내고 올 수 있도록 여행일정을 배려해준 업체가 있었다고 한다. 이탈리아까지 와서 밀라노 촬영만 마치고 곧바로 귀국하지 않도록, 센스 있는 담당자가 아이디어를 낸 것이다. 경비를 약간 더 추가했을 뿐인데 감동은 배가되었다. 그렇게 되면 그 회사 담당자를 잊지 못하고 필요할 때 다시 연락하게 되는 건 당연지사다.

말로만 감사하는 사람과 작은 성의로 센스를 발휘하는 사람, 당신이 담당자라면 누구에게 더 마음이 가겠는가. 말로 감사하는 것도 좋지만, 감사를 표하기 위해 시간과 마음을 쏟았다는 사실이 전해지면 감동이 두 배가 될 것이다.

저 사람이 내 상사이기에 늘 업무적으로나 업무 외적으로 챙겨주는 게 당연하다 생각하지 말고, 고맙다는 마음을 표현하고 가능하다면 작은 성의를 보이는 건 어떨까. 저 친구가 내 부하이기에 늘 나의 지시에 따라주고 내 일을 도와주는 것이 당연하다 여기지 말고, 수고한다는 마음을 담아 격려의 선물을 해보면 어떨까? 자신의 마음을 표현하고 이를 자신에게 플러스가 될 수 있도록 활용하는 것, 그것 또한 프로들만이 갖고 있는 노하우다.

잘 익은 감은
제때 따자

● 　　　인생을 살면서 세 가지 좋지 않은 것으로 '조기성공早期成功', '중년상처中年喪妻', '노년무전老年無錢'을 꼽는다. 중년상처는 운명으로 받아들여 이겨내야 하고, 노년무전은 미리 준비하면 막을 수 있다. 하지만 많은 사람이 위험하다는 조기성공을 소원한다. 대체 조기성공이 왜 위험하다는 것일까. 기초를 다진 후에 속을 채워가면서 성공에 이르러야 하는데, 처음부터 강렬한 스포트라이트를 받으면 자칫 속빈 강정, 빛 좋은 개살구가 되기 쉽기 때문이다. 조기에 성공하면 교만해지면서 타락의 길로 접어들 수 있고, 더 큰 성공을 추구하다 파멸할 수도 있다. 기초를 확고히 다지고 어떤 일에도 흔들리지 않을 내공을 쌓은 후에 성공하는 것이 바람직하지만, 빨리 드러나고 싶은 조바심을 안고 사는 사람이 많다.

1994년 2월, 시사잡지에 처음으로 기고한 '서울과학고 이야기'가 나가자마자 네 군데 출판사에서 책을 내자는 제안을 받았다. 아직 때가 아닌 것 같아 거절했는데, 결국 몇 달 지나지 않아 첫 번째 책인 《실컷 놀고도 공부는 일등이라뇨?》를 내게 되었다. 지금이야 초등학교에서 영어와 컴퓨터를 가르치는 게 제도화되었지만, 1994년 당시만 해도 그렇지 않았다. 그런데 대덕초등학교에서는 이미 그런 교육이 이루어지고 있었다. 대덕연구단지의 고학력 주부들이 중심이 되어 전공에 따라 아이들을 가르치는 '바터제 과외'를 통해서였다. 그 덕분인지 대덕중학교가 전국 최고의 성적을 올리고 있다는 기사를 썼더니 잘 아는 출판사 대표가 닦달을 해 쫓기다시피 책을 냈다.

그 후에도 여러 출판사에서 책을 내자는 요청이 있었지만 '이런 식으로 책을 내다가는 100권도 내겠다'는 생각에 다 거절했다. 두 번째 책은 내가 기자로 일을 시작한 지 딱 10년이 된 2000년이 되어서야 출간했다. 아마 그때 온갖 요청에 다 응했더라면, 책의 질은 둘째치고 내가 지쳐서 나가 떨어졌을 것이다. 줄기차게 내다가 한두 권 대박이 났을지도 모르지만, 그랬다면 아마도 조기성공의 폐해를 맛보지 않았을까 싶다. 실력도 쌓기 전에 휘갈기지 않은 것을 다행스럽게 생각한다.

요즘 서점에 가면 유난히 눈에 띄는 것이 여행서적이다. 몇 년 전만 해도 해외여행 안내서가 시리즈로 나왔을 뿐인데, 지금은 감각적인 여행서가 봇물을 이루고 있다. 여행서만 전문적으로 쓰는 작가들도 여럿 되지만, 잠깐 여행하고 사진과 감상을 담아 책을 내는 사람들도 꽤 많다.

넘쳐나는 여행서 가운데 50만 부를 돌파한 이병률 시인의 《끌림》을 눈여겨볼 필요가 있다. 이 시인에게 "팔리는 비결이 뭔가"라고 묻자 "나도 잘 모르겠다. 블로거들의 입소문 덕택이 아닐까"라고 추측했다. 내가 분석하기에 역시 내용 덕분이었다. 11년간 50여 개국 170개 도시를 여행하고 나서 쓴 책이니 내용이 탄탄할 수밖에 없다. 또한 수준급의 솜씨로 직접 찍은 사진과 시인의 유려한 필치가 상승효과를 일으켰을 것이다.

《끌림》을 읽으면서 작가는 책을 쓰기 위해 철저한 체험과 노력을 해야 한다는 것을, 독자는 정말 무섭고 영민하다는 것을 깨달았다. 독자들은 똑똑하고 냉정하다. 재미있는 책, 유익한 책, 필요한 책을 딱딱 골라내서 베스트셀러로 만든다. 그래서 무르익었을 때 적시타를 날려야 하는 것이다. 그래야만 최소한 안타를 칠 수 있다.

그런데 기초가 탄탄하고 준비가 잘되어 무르익을 대로 무르익은 사람들이 움직이지 않는 답답한 경우도 있다. 농익은 홍시를 따지 않아 땅에 떨어져 푹 퍼져버리지 않을까 걱정되는 부류들로, 대개 좋은 회사에서 안락하게 직장생활을 하는 사람들이다.

K는 최고의 명문대를 나온 데다 소위 일류 직장에 다니고 있었다. K보다 스펙 면에서 훨씬 못한 사람도 열심히 집필활동을 해서 책을 몇 권 냈는데, K는 늘 사람 좋은 웃음만 지으며 편안한 직장생활을 즐겼다. "남들은 책 내는데 왜 안 내느냐?"고 했더니 날 안쓰럽다는 표정으로 바라보았다. "뭘 그렇게 아등바등 살려고 그래." 그러던 K는

얼마 안 가 정계에 뜻을 품고 남들이 부러워하는 직장을 그만두었다. K가 가장 먼저 한 일은 그간 쓴 글을 대충 편집해서 부랴부랴 책을 만든 일이다.

익지도 않은 과일을 따는 것도 문제지만 농익은 과일을 방치하는 것도 문제다. 헝그리 정신을 가질 이유가 도무지 없는 환경이면 막판 스퍼트를 낼 생각을 하지 않는데, 편안한 직장생활을 하면서도 적시타를 잊지 않는 지혜가 필요하다. 세월은 마냥 나를 기다려주지 않는다. 지금 이 자리에서 해야 할 일을 하지 않으면 다음에 또 기회가 온다는 보장이 없다. 과일은 알맞게 익었을 때 수확해야 하는데, 미루면 썩거나 누가 따버린다.

실력도 없으면서 이것저것 찔러보는 것도 문제지만, 실력이 출중한데 관리를 하지 않는 것도 문제다. 어느 수준 이상의 기량을 쌓았다면 가령 책을 내든, 강연을 하든 자신의 실력을 다른 사람들 앞에서 검증받고 좀 더 갈고닦아야 한 단계 더 발전할 수 있다. 실력이 좋다고 자기계발을 게을리하면 점차 마모되기 마련이다. 매일 출근해야 하는 입장이라면 쉽지 않은 일이겠지만, 잠을 줄여서라도 노력해야 한다.

목재회사 이건산업의 계열사인 이건태평양조림 사장을 지낸 권주혁 씨는 솔로몬군도에서 30여 년 동안 근무했다. 남태평양이라는 쉽게 접근하기 힘든 곳에 근무하면서 그는 군사 관련 정보를 많이 얻게 되었고,《헨더슨 비행장》,《여기가 남태평양이다》등 태평양전쟁 관련 서적을 여러 권 펴냈다. 그가 잠시 국내에 머물 때 인터뷰를 했는데, 바뿐 직장생활을 하면서 언제 책을 썼는지가 궁금했다. 그는 휴일에는 책을 쓰기 위해 취재를 다니고, 매일 새벽 4시에 일어나 규칙적으로 글을 썼다고 한다. 권 전 사장의 책은 대단히 전문적이면서 흥미로워서 군사전문가들과 남태평양에 관심 있는 사람들에게 좋은 반응을 얻었다. 누군가가 일부러 남태평양을 취재했다 하더라도 그만큼 깊이 있게 쓰지 못했을 것이다. 남태평양에서 30년간 살면서 체득한 내용이 담겨 있기 때문이다.

한 직장에서 10년 이상 근무하면 그 분야 전문가라고 할 수 있다. 그리고 그 지식은 나 혼자만의 것이 아니고, 다른 사람들과 함께 나누어야 할 파이라고 생각한다. 시간이 없다는 것은 가장 진부한 핑계다. 내 지식을 남들과 나누어야겠다는 각오만 하면, 다양한 방법이 떠오르지 않을까 생각한다. 때가 무르익었는지, 치고 나가야 할 시점인지 아닌지는 자신이 가장 잘 알 것이다. 내가 축적하고 경험한 지식을 남들과 나누는 사람이 진정한 프로가 아닐까.

professional

다가가기 어려운 상사를
주목하라

●   공적인 자리가 아닌 사석에서 만나도 사람들은 습관처럼 명함을 주고받는다. 가끔 "미처 명함을 못 만들었다. 전 직장 명함이지만 드리겠다"는 사람들이 있다. 전 직장의 명함을 내미는 사람은 대개 괜찮은 회사의 고위직에 있었던 사람들이다. 최근에 사석에서 만난 J씨도 두 달 전에 그만둔 직장의 명함을 내밀었다. 자연히 전 직장이 화제에 올랐는데, J씨는 여성으로서는 드물게 언론계에서 상당한 자리까지 오른 인물이었다. J씨와 대화를 나누다가 흥미로운 이야기가 나왔다.

"상사 가운데 성격이 굉장히 이상한 분이 있다면, 한마디로 실력 있는 사람입니다."

내가 의아한 표정을 짓자 계속 말을 이었다.

"그런 성격을 갖고도 그 자리에 올랐으니 얼마나 실력 있는 사람이겠습니까."

J씨는 성격이 좋지 않기로 평이 난 사람과 친해지면 상당한 득이 된

다며 이런 얘기를 했다. "그런 분들은 외롭거든. 무서워서 누가 가까이 가려고 하겠나. 근데 그럴 거 하나 없다. 그런 분과 친해서 이것저것 가르쳐달라고 하면 얼마나 친절한데. 말단 때부터 무섭다는 분들과 친해서 도움을 받는 게 직장생활에서 발휘해야 할 지혜다."

J씨는 커피 한잔 타갖고 가서 "저 이게 정말 어려운데 좀 가르쳐주세요"라고 하면 그분이 어린애처럼 웃으면서 잘 가르쳐주었고, 덕분에 많이 배웠다고 했다. J씨는 회사에서 성격 나쁜 사람을 주목하라며 날카롭게 충고했다.

내가 아는 N씨 역시 불같은 성격에도 편집장 자리까지 오른 인물이다. 툭하면 소리를 질러서 다른 부서까지 다 들릴 정도였다. 그러니 야단맞는 사람은 얼굴을 들고 다니기 힘들어했다. 하지만 워낙 이 사람 저 사람 야단을 맞다 보니, 나중에는 다들 그러려니 넘기게 되었다. 야단맞는 사람이 아닌, 야단치는 사람에게 문제가 있다는 식으로 생각한 것이다.

N씨는 편집장 임기를 마치고 한동안 편집위원으로 근무하다가 분사하는 회사로 자리를 옮겨 다시 실무 이사를 맡게 되었다. 그러자 전문성이 떨어지는 직원들을 트레이닝시키느라 목소리가 다시 높아졌다. 그러니 그와 식사를 함께 하려는 사람이 없었다. 그 사무실에 들를 때마다 N씨가 나에게 "같이 밥 먹으러 가자"고 해서 몇 번 따라간 적이 있다. 프리랜서인 나는 별로 눈치 보지 않고 이런저런 얘기를 하는데, 함께 간 직원은 식사하는 동안 N씨에게 한마디도 하지 않았다.

내가 일하면서 막히는 부분이나 여러 가지 고충에 대해 털어놓으면 N씨는 친절하게 답변을 잘해주었다. 나에게 "너는 시사잡지에 기고를 많이 해서 글을 보면 여자가 썼다는 느낌이 안 든다. 그게 중요하다. 성별이 드러나지 않도록 힘 있는 필치로 계속 써라"라고 격려하며 몇 가지 조언을 해주었다. 이렇듯 배울 게 많은 사람이지만 불 같은 성정 때문에 직원들은 N씨를 '활용'할 생각을 하지 않았다.

그런데 얼마 후 들어온 계약직 직원이 N씨를 전혀 무서워하지 않을 뿐더러 '이것 좀 가르쳐주세요, 저것 좀 가르쳐주세요' 하며 따라다니는 일이 발생했다. 그러자 N씨가 화사한 얼굴로 그 여기자에게 '개인 지도'를 해주었다. 남자 기자들은 다들 "저 사람이 N이사 맞아? 우리한테 늘 소리 지르는 N이사 맞냐고"라며 불평을 터뜨렸다.

실력은 있지만 성격이 거칠어 아무도 다가가려 하지 않는, 그래서 외로운 상사. 여기서 '상사'라는 단어를 '아버지'라는 단어로 대체해보면 어떨까. 가부장적 사고에서 벗어나지 못해 아이들이 보기에는 거칠고 다가가기 어려워 보이지만, 가족을 위해 능력을 발휘하고 헌신하는 사람. 아버지들은 대부분 외롭지만, 먼저 다가가 친해지면 많은 것을 기꺼이 내주려 한다.

상사도 그렇다. 영리하게 생각해보면, J씨의 말처럼 다른 사람과 잘 융화되지 못하는 성격임에도 그 자리에 올랐다는 것은 그만큼 능력이 탁월하다는 의미다. 그가 갖고 있는 많은 정보와 축적된 노하우를 자신의 것으로 만들어라. 가까이 다가가면 많은 것을 얻을 수 있다.

도움을 받을 수 있는 회사 내 '숨은 고수'들은 무조건 성격이 거칠기만 한 사람들일까? 그렇지는 않다. 회사 내 고수는 의외의 자리에 있다. 예전에 자주 드나들던 회사에서 이상한 점을 발견하고 의아하게 생각한 적이 있다. 나이가 꽤 들어 보이는 사람들이 구석 자리를 차지하고 있었다. 대개 팀장 자리가 제일 안쪽에 있고 그다음에 부하들의 자리를 배치하는데, 구석에 있는 사람들은 부하직원이 없었다. 그런 사람이 몇 명 있어서 알아봤더니, 이미 팀장 자리를 거친 분들이었다. 회사에서 수십 년 동안 근무해서 경지에 오른 분들인데, 이제 나이가 차서 한직으로 물러난 것이다.

내가 아는 K씨는 여성잡지 편집장 출신으로 패션 쪽의 대가지만 지금은 전혀 엉뚱한 부서에서 일하고 있다. 최근에 회사를 그만둔 Y씨는 푸드와 관련해서라면 대한민국 최고의 실력자다. 비록 지금은 스포트라이트에서 비켜서 있지만, 그렇다고 그들의 실력이 녹슨 것은 아니다.

그들에게 먼저 다가가 도움의 손길을 요청해보면 어떨까? 신입사원이 "한 수 가르쳐 주세요"라고 한다면 그들은 기꺼이 시간을 내줄 것이다. 그런 분들은 회사 사정을 누구보다도 잘 알고 업무 노하우도 많이 갖고 있으며, 게다가 상대적으로 여유로워 코칭해줄 만한 시간도 있다. 그들을 공략하는 것이 전략이다. 현직에서 뛰고 있는 상사들은 바쁘니, 회사에 숨어 있는 고수들을 찾아 스승으로 삼으라. 현직 상사가 마음에 걸린다면 들키지 않고 배우는 지혜를 발휘하라. 고수들에게 제대로 배워야 고수가 되는 길에 보다 빠르게 진입할 수 있다.

한 회사에 오래 드나들다 보면 고위직, 나아가 대표와도 격의 없는 대화를 나눌 기회가 자주 생긴다. 회사 대표와 직원들과 함께 식사를 할 때 보면 낮은 직급의 직원은 입을 닫고 있는 경우가 대부분이다. 내가 대표와 스스럼없이 대화하는 걸 보고 직원들이 "평소 말이 없는 대표님과 어떻게 대화를 나누냐"며 신기해한다. "대표님은 늘 말씀을 잘 하시던데, 말이 없다는 생각은 안 해봤다"고 하면 직원들이 오히려 고개를 갸우뚱거린다. 왜 그럴까 생각해보니, 나는 그 대표를 아무런 선입견 없이 대했지만 직원들은 대표에 대해 나름대로 결론을 내리고 있었기 때문이다. "대표여서 어렵다" "잘못 말해서 찍히면 안 된다" 등 마음속으로 벽을 치고 있으니 다가가기 힘든 것이다.

그러나 먼저 다가가지 않으면 친해질 기회는 영영 오지 않을지도 모른다. 목 마른 사람이 우물 판다고, 도움이 필요한 사람이 먼저 손을 내밀어야 한다. 어떤 행동을 적극적으로 취하기 부담스럽다면 식사 시간이 아주 좋은 기회다. 식사를 마칠 때까지 자리를 뜰 수 없으니 시간이 보장되어 있고, 좀 더 편안하게 이야기를 나눌 수 있기 때문이다. 부담 없는 화제, 재미있는 유머로 자신을 부각시켜보라. 아니면 평소 회사생활을 하며 고민하던 자신의 문제를 직장선배에게 묻는다는 느낌으로 털어놓아보라. 솔직하게 마음을 터놓고 다가오는 직원을 내칠 상사는 아무도 없다.

꼭 어떤 의도가 있지 않더라도 밥만 먹을 게 아니라 재미있는 대화를 나누면 얼마나 좋겠는가. 연륜이 깊은 분들과 대화를 하면 그분들의 지혜를 배울 수 있어서 좋다. 좋은 기회를 입을 꾹 닫고 그냥 날려

보내는 건 여러모로 손해가 아닐 수 없다. 연세 드신 분들 가운데는 실로 놀랄 만한 인문학적 소양을 가진 분들이 있다. 문사철文史哲을 넘나드는 해박한 대화를 지켜보면서 많은 자극을 받았다. 그런 분들을 만나 내가 알고 싶은 분야의 정보나 지혜를 얻는 것은 돈 주고도 구할 수 없는 기회다.

세상 모든 사람은 스승이다. 문제는 늘 배우겠다는 자세다. 젊은 신입직원이든, 연륜이 있는 CEO든 격의 없이 어울릴 줄 알아야 한다. 그리고 그들의 위치에서만 가질 수 있는 독특한 장점들을 받아들이겠다는 마음가짐이 필요하다. 다양한 분야의 신선한 지식을 수혈하고, 전문가 못지않은 소양을 쌓은 뚝심과 끈기를 본받아라. 세상에 배울 것은 얼마든지 있다. 삶의 태도부터 전문적인 업무 지식까지, 귀를 열어놓고 있으면 새로운 정보가 쏟아져 들어온다. 하지만 스스로 경지에 올랐다고 생각하거나, 취업했으니 다 됐다고 생각하면 더 이상 발전할 수 없다.

프로를 만났을 때 적극적으로 다가가 배우고 본받고, 자신도 프로가 되도록 노력하는 삶을 살아야 한다. 그날그날 업무에 허덕이며 불평불만을 쏟아내기보다, 일을 열심히 하면서 자신만의 전문성을 개발해 실력을 갖추면 프로의 길은 멀지 않다.

철저한
맞춤생산을 하라

●   프리랜서로 일하며 초창기부터 지금까지 계속하는 것 중 하나가 정기간행물에 기고하는 일이다. 글을 웬만큼 쓰면 여기저기 다 쓸 수 있지만, 글의 종류에 따라 매체에 따라 다 달리 써야 한다. 데스크가 검열하는 기사와 자신의 의견이나 주장을 전하는 글이 다르며 기사도 여성잡지, 사보, 시사잡지가 다 다르다. 하물며 시사잡지에 쓰더라도 분석 기사와 인터뷰 기사가 다르다. 그러므로 일을 맡았을 때 주문한 사람의 의도를 정확히 파악해 '맞춤생산'을 해야 한다. 시키는 사람도 정확히 지시해야 하고, 일을 하는 사람도 그에 맞춰 정확히 수행해야 하는 것이다.

그러나 맞춤생산이 말처럼 쉬운 것은 아니다. 세상의 많은 상사들은 일을 제대로 해오는 부하가 없어서 골치 아프고, 부하들은 도무지 만족할 줄 모르는 상사 때문에 머리가 아프다. 상사들 중에는 부하의 장점은 칭찬하지 않고 단점만 지적하는 이들이 있다. 일을 잘한 부분은 당연하고, 잘못한 부분은 결코 용납하지 않는 것이다. 그에 대해 부하들의 불만의 소리가 높은 것은 일견 수긍이 간다.

그러나 냉정하게 말하자면, 그전에 잘못하지 않으면 되는 문제 아닐까? 상사가 어떤 점을 지적하는지, 자신이 어떤 점을 자꾸 실수하는지 점검해본 적 있는가. 상사라는 인정할 만한 위치에 올랐다면 그만 한 실력을 갖춘 사람이며, 대부분 그 분야 고수들이다. 그들에게 야단맞거나 지적을 당할 때, 불만을 품기보다 배울 수 있는 기회로 삼는 것이 스스로에게 훨씬 득이 된다.

초창기에 프리랜서로 나섰을 때는 맡은 일을 납품하는 선에서 대개 나의 임무는 끝났다고 생각했다. 함량미달이면 채택이 안 되거나 수정하라는 지시가 오겠지, 하는 생각을 하고 있다가 무사히 통과되면 다행으로 여겼다. 그런데 사실은 그게 완벽해서 통과된 것이 아니었다. 나중에 객원으로 일하면서 담당자 입장이 되어보니 프리랜서가 해온 일이 100% 완벽하지 않은 경우가 많았다. 나머지 부족한 부분은 대부분 담당자가 손봐서 일을 완성시켰다.

프리랜서가 탁월해서 일을 계속 발주하는 경우도 있지만, 대부분은 실력이 100% 마음에 들지 않아도 큰 실수나 특별한 하자가 없어서 다시 요청하는 경우가 많았다. 큰 프로젝트여서 입찰을 붙여야 할 정도가 아니라면 어느 정도 익숙한 사람과 작업하는 것이 차라리 속 편하기 때문이다.

객원으로 일하기 전에도 내 부족함을 느끼게 된 사건이 있었다. 프리랜서 시장에 입문한 초창기였다. 담당자가 별 말이 없으니 내가 잘하는 줄만 알았다. 그러다 3년차 때 시사잡지에 기고를 하게 되었는데 어느 날 그 잡지사에 근무하는 학교 선배가 부르더니 내 기사를 돌려주었다.

"편집장이 네 기사의 어떤 부분을 삭제했는지 살펴봐. 그리고 왜 그 부분을 삭제했는지 면밀히 검토해봐라."

이미 그 잡지에 기고한 지 1년이 지난 시점이었다. 그동안 잘 쓰고 있다고 생각했는데, 뭐가 잘못되었다는 것인지 이해가 안 갔다. 하지만 편집장이 삭제한 부분을 살펴보니 감이 확 왔다.

당시 내가 쓴 기사는 '국가를 위해 흘린 피의 성소, 국립묘지 이야기'였다. 국립서울현충원과 국립대전현충원을 탐방하며 취재를 했는데, 너무나 슬픈 사연이 많아 취재하고 기사를 쓰면서 울었던 기억이 난다. 편집장이 빨간 펜으로 삭제 표시한 걸 보니 담담하게 써야 함에도 슬픈 감정을 그대로 다 표현한 부분이었다. 상황을 잘 묘사해 독자 스스로 판단하게 해야 하는데 내가 느낀 슬픔을 강요하고 있었다. 편집장이 데스킹한 내용을 면밀히 검토하고 느낀 바가 많았다. 그동안 나 때문에 일을 매번 더 해야 했을 편집장을 생각하니 부끄러워 어디 숨고 싶을 지경이었다.

다음 날 선배에게 "어제 주신 원고를 보고 많이 깨달았다"고 하자 "앞으로 매달 기사 쓰고 나서 편집장이 어떤 부분을 삭제했는지 살펴봐라. 엄청난 공부가 될 게다"라고 조언해주었다. 그때부터 매달 편집장이 체크한 내 기사 교정지를 챙겨 와 집에서 공부했다. 그렇게 몇 번 했더니, 다음부터는 어떤 걸 조심해야 하는지 눈이 뜨였다.

그 편집장은 외부에서 '광복 이후 배출한 기자 가운데 다섯 손가락 안에 든다'는 평을 받는 그 분야의 고수였다. 함량 미달인 기사는 아예 싣지 않고, 손질 가능한 기사만 게재하는 것으로 유명했다. 무엇보다도 제목을 뽑는 데 탁월한 재능이 있어서, 내가 뽑은 제목과 어떻게 다른지 살펴보는 것도 큰 공부가 되었다. "내가 한 일이 대체 뭐가 잘못됐다는 거야?"라는 불평을 하기보다, 이미 경지에 오른 고수들에게 배워 그들이 원하는 수준에 맞게 생산하도록 노력하는 것이 나를 발전시키는 길이다.

프리랜서만 '맞춤생산'을 해야 하는 것은 아니다. 직장인들도 나를 고용한 회사, 그리고 상사가 원하는 것을 명확하게 파악하고, 그에 맞춰 철저하게 '맞춤생산'하는 것이 필요하다. 스스로의 역량이 부족하다고 느끼면 어떻게 하면 좋을지 먼저 물어보고 배우면 된다. 내가 한 작업을 어떻게 수정해서 최종 완성을 했는지 꼼꼼히 뜯어보라. 그 사람이 그 분야의 고수라면, 자기 자신의 실력을 향상시킬 수 있는 더할 나위 없이 좋은 기회가 될 것이다.

의무를 다하고
당당히 권리를 누려라

● 　　개그맨 최효종 씨가 〈개그콘서트〉 '사마귀 유치원' 코너에서 "프리랜서는 4대 보험이 안 되는 비정규직"이라는 발언을 해 논란이 되었다. 방송이 나간 뒤 고용노동부에서는 "프리랜서는 엄연히 1인 사업주로 비정규직과 개념 자체가 다르다. 게다가 방송 내용과 달리 비정규직도 입사와 동시에 4대 보험에 자동 가입된다"고 밝혔다. 그러자 "최효종 막나간다" "프리랜서가 그럼 정규직이냐" 등 네티즌들의 갑론을박이 있었다.

　프리랜서로 활동하는 사람들은 매년 5월 종합소득세를 신고하고, 세금에 비례해 책정된 지역의료보험료도 내야 한다. 매달 국민연금관리공단에 자신이 정한 액수만큼의 국민연금도 납부한다. 세금, 의료보험료, 국민연금 납부는 프리랜서도 지켜야 할 사항이다. 세금 낸 만큼 국가로부터 보호받고, 의료서비스도 제공받으며 국민연금도 수령하게 된다. 단, 그 외에는 어떤 보호도 받을 수 없다. 직장인들은 여기저기서 제발 신용카드도 만들고, 대출도 받으라고 성화지만 프리랜서들은 신용카드 발급도 어렵고 은행대출도 힘들다. 자유를 보장받은 만큼 많은 것을 스스로 해결해야 하는 것이다.

얼마 전 영화 에이전시에서 프리랜서로 일하는 후배가 방송국에 업무차 들렀다가 담당자로부터 "젊은 여성들이 가장 부러워하는 일을 하시는군요"라는 말을 들었다고 했다. 후배는 "단순하게 보면 부러울 수 있지만, 프리랜서가 얼마나 고달픈데…"라며 씁쓸해했다. 직장인 입장에서 보면 의무감 없이 자유롭게 일하는 프리랜서가 부럽고, 프리랜서 입장에서 보면 많은 권리를 누릴 수 있고 제도적으로 보호받는 직장인들이 부럽다. 서로가 갖지 못한 것을 부러워하는 것이다.

직장인이든 프리랜서든 프로로서 잊지 말아야 할 것은 '의무'와 '권리'의 상관관계다. 서로 막연히 부러워만 할 것이 아니라, 자신이 해야 할 의무를 다하고 자신에게 부여된 권리도 충분히 누릴 줄 아는 사람이 프로라고 생각한다.

회사에 드나들다 보면, 너무 좋은 기회를 활용하지 않는 경우를 종종 보게 된다. 가장 부럽고도 안타깝게 생각되는 것이 '잘난' 상사들을 활용하지 않는다는 점이다. 상사들은 자신의 기량을 발휘하는 것과 동시에 부하직원을 관리하고 성장시킬 역할을 하는 존재다. 회사가 오랜 기간 공들여 기른 인재인 만큼 후배들이 얼마든지 기대도 된다. 많은 상사들이 "부하직원들이 다가오지 않는다, 다가가도 피한다"며 섭섭해했다. 상사는 나를 위해 회사가 배치한 교사라고 생각해보면 어떨까. 업무를 하다 막히면 언제든, 설령 업무 시간 이후일지라도 괴롭히면서 내 발전의 멘토로 삼으라.

외부 강의를 자주 나가는 모 회사의 J팀장은 "외부에서 내 강의를 들은 친구들은 귀찮을 정도로 메일을 보내고 가르쳐달라고 조르는데 회사 내 부하직원들은 그러지 않는다. 회사 직원들에게 더 많이 가르치고 싶은데 업무가 바쁘기도 하지만 일단 상사를 피하는 눈치다"라며 섭섭해했다. 너무 느긋한 경우도 있다. 규모 있는 회사에서 좋은 시스템과 뛰어난 인재들에 둘러싸여 일하고 있으니, 불편할 일이 없는 것이다. 언제든 필요한 건 요청하면 되고 불편한 건 해결해주는 이들이 있으니, 무언가를 반드시 내 것으로 만들 필요가 없다고 생각하는 경우가 많다.

회사에는 구석구석 찾아 내 것으로 만들 수 있는 보물이 얼마든지 있다. 사람이나 시설도 있고 각종 제도적 혜택도 있다. 인맥도 쌓을 수 있고, 정보를 교환할 수도 있으며, 안정된 조직 속에서 미래를 대비하는 계획을 세우고 준비할 수도 있다. 언제까지 기회가 주어질지 모른다. 기회가 주어질 때 내 권리를 찾아 챙겨야 한다.

작은 케이스지만 매우 놀란 일이 있다. 모 회사의 B차장을 오랜만에 만났는데, 또렷한 턱선으로 5년은 젊어 뵈는 게 아닌가. 처음 봤을 때는 얼굴에 살이 많아 마치 축구공처럼 둥글둥글한 데다, 턱과 어깨가 거의 맞닿아 목이 없는(?) 체형이었다. 원래 저런 얼굴형이었나 보다, 하고 생각했는데 그게 아니었던 것이다. 어떻게 된 일인지 알아봤더니 아침은 호박죽으로 대신하고, 점심시간에 매일 1시간씩 회사 헬스클럽에서 운동을 했다고 한다. 회사 내에 헬스클럽이 생긴 지는 몇 년 됐지만, 그동안은 얼씬도 안 하다가 최근 다니기 시작해 1년이 채 안 되어 엄청난 효과를 본 것이다.

무엇보다도 회사는 그 이름만으로도 든든한 배경이 된다. 어떤 이에 대한 정보가 없을 때 '어디에 다닌다'는 것은 그 사람의 가치를 판단할 수 있는 좋은 지표가 되기 때문이다. 회사 구성원이라는 것은 회사가 인정한 사람이라는 뜻이므로, 신용 있는 회사라면 그 회사가 인정한 사람도 신용 있는 사람으로 대접받는다. 조직구성원으로서의 의무도 충실히 하되, 의무를 다했다면 그 권리 또한 충분히 누려라.

직장과 상사가 당신에게 아직 '풀지 않은 상자'는 아닌지 생각해보라. 나도 직장생활을 하면서, 프리랜서로 달리면서, 수많은 상자를 풀지 못하고 지나친 것을 나중에서야 깨달았다. 내가 도움을 요청하고 활용하는 만큼 직장과 상사는 나에게 많은 것을 베풀어줄 수 있다. 이를 현명하게 활용할 줄 아는 이가 진정한 고수요, 프로다.

우리는 누구나 프리랜서다 :
1%로 가는 길

●   "지금 그 자리에 오게 한 가장 큰 비결은 무엇입니까?"

성공한 사람들을 만나면 꼭 물어보는 질문이다.

성공 스토리 인터뷰가 아니어도, 일부러 인터뷰 말미에는 이런 화제를 꺼낸다. 언젠가부터 성공한 사람들이 비슷한 답변을 하는 게 신기해 확인 차원에서 물어보는 것이다. 나에게 그런 질문을 받는 사람들은 대개 그 분야 1%에 속하는 부류들로, 부모나 주변의 도움 없이 자신의 노력으로 1% 클럽에 들어간 이들이다. 그들의 공통된 답은 이렇다.

"죽도록 열심히 했다. 그러니 성과가 나는 건 당연하다. 하지만 어느 순간이 지나면 나도 모르는 어떤 힘이 나를 도와주는 것 같다. 노력과 재능 외에 분명히 '또 다른 무언가'가 있다. 나도 어리둥절하다."

이렇게 말하며 그 '또 다른 무엇'에 대해서는 '신의 영역'이라고 덧붙이는 사람이 많았다. 단순히 내 노력만으로 여기까지 온 건 아니라는 것이 그들의 결론이다.

방송인 박미선 씨는 큰 슬럼프 없이 꾸준히 활동하는 비결에 대해 "하늘이 주신 거라고밖에는 말할 수 없다. 늘 준비하고 있어야 기회가 온다지만, 열심히 해도 안 되는 사람이 분명히 있다. 그래서 하늘의 역할을 더욱 생각하게 된다"고 했다. 공병호 박사 또한 운을 믿는다고 했다. 그래서 좋아하는 문장이 "Are you ready?"라고 한다. "늘 깨어 오감을 충분히 발휘하면서 살다 보면 운이 다가온다. 나는 운을 놓친 적이 없다. 늘 긴장할 필요는 없지만 어느 순간 '필'이 꽂힐 때 잡아야 한다."

힘차게 자전거 바퀴를 굴리다 보면 어느 순간 페달을 밟지 않아도 잘 나간다. 가끔씩만 페달을 밟고 내리막길에 접어들면 오히려 브레이크를 잠깐씩 잡아서 속도를 조절해야 한다. 마중물을 넣고 열심히 펌프질하면 얼마 안 가 물이 콸콸 나온다. 열심히 노력하면 가속도가 붙어서 어느 순간부터 마구 성과가 나기 시작한다.

여기서 우리가 주목해야 할 부분은 그 무언가가 도와주기 이전에 "죽도록 열심히 했다"는 것이다. 신의 도움을 기대하기 이전에 우선 열심히 해야 한다. 하늘은 스스로 돕는 자를 돕는다고 하지 않는가.

여러 회사를 드나들면서 다양한 사람들을 만났다. 자신의 회사에 감사하며 업무에 목숨을 건 사람, 몸은 회사에 있지만 마음은 밖에 있는 사람, 계속 불만을 내뿜으면서도 꾸역꾸역 다니는 사람, 호시탐탐 그만둘 기회를 찾는 사람 등. 나중에 보면 자신의 의지대로, 상상대로 되는 경우가 대부분이었다. 예전과 달리 조기퇴직제가 실시되면서 회사에 끝까지 남으려던 사람들이 뜻을 이루지 못하는 경우가 종종 생기기는 하지만 말이다. 직장을 충실히 다녀서 충분한 실력을 쌓고, 자금도 어느 정도 확보한 뒤 자신의 영역을 개척해서 성공한다면 그 이상 좋은 일이 없을 것이다.

20여 년 동안 소속 없이 살면서 깨달은 세상살이 법칙은 재미없게도 '열심히 하라'는 것이다. 그리고 한 가지 팁을 더 얹는다면 무턱대고 열심히 할 것이 아니라 영민하게 '프리랜서처럼 일하라'는 것이다.

장담하건대 프리랜서 정신으로 뛰면 어느 직장에서든 살아남는다. '최선을 다해 제대로 일하고, 내 능력만큼 제대로 인정받자'는 프리랜서의 각오로 직장에서 하루하루 근무한다면 최고의 평점을 받을 것이다.

세상을 골고루 구경하면서 깨달은 것은 행복하다고 생각하는 사람이 행복해진다는 것이다. 대단히 많이 가졌고, 눈부신 외모에다 넘치는 실력을 갖추고도 불행한 사람은 얼마든지 있다. 그리고 행복한 사람들은 저마다 이루고자 하는 '목표'가 있었다. 내가 세상에 온 목적을 달성하고 떠나가야 한다는 것이다. 목적을 달성하려면 목표를 잘 세워야 한다. 내가 갖고 있는 재능과 근접한 목표를 세우는 것이 효율적이다.

목표를 달성하기 위해서는 수단과 방법을 잘 가려야 한다. 윤리와 도덕, 신의를 지키고 주변을 돌아보면서 차근차근 가야 한다. 친구도 가정도 잃고 도달한 목표는 아무런 가치가 없다. 목표를 달성하기 위해 꼭 챙겨야 하는 것은 좋은 습관을 익히는 일이다. 악습에 중독되면 끊기가 힘들다.

나도 행복하고 이웃에도 유익이 되고 신의 뜻에도 위배되지 않는 삶을 살아야 한다. 올바른 목표를 세우고, 나에게 주어진 자유로운 시간을 잘 다스린다면 그 고지에 오를 수 있다. 이 책이 그 고지를 오르는 데 작은 도움이라도 된다면 무척 기쁘겠다.

이근미

일을 했으면 성과를 내라

류랑도 지음 | 14,000원

성과의 핵심은 오로지 자신의 역량뿐! 이 책은 누구도 세세히 일러주지 않은 일의 전략과 방법론을 알려줌으로써, 어디서든 '일 잘하는 사람, 성과를 기대해도 좋은 사람'이란 평가를 받게끔 이끌어준다. (추천: 일에 익숙하지 않은 사회초년생과 그들을 코칭하는 리더, 그리고 현재의 역량을 배가하고자 하는 모든 직장인들을 위한 책)

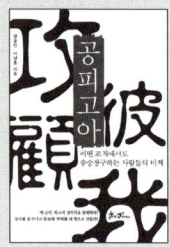

공피고아 : 어떤 조직에서도 승승장구하는 사람들의 비책

장동인 · 이남훈 지음 | 14,000원

회사에서는 일만 잘하면 된다고 생각하는 순간, 당신의 조직생활에 위기가 시작된다. 일을 제대로 하고 싶다면, 당신과 그 일을 함께할 '사람'을 먼저 배워라. 조직과 사람이 움직이는 원리를 관통하는 10가지 키워드와 명쾌한 대응전략! (추천 : 가장 현실적인 '직장생활의 정공법'을 익히고 싶은 이들을 위한 책)

비서처럼 하라

조관일 지음 | 12,000원

삼성그룹 사장단의 47%가 비서실 출신. 회사의 핵심인재이자 히든 브레인, CEO의 비밀병기이자 준비된 1인자, 비서들의 10가지 행동방식을 통해 '비서처럼' 일해야 하는 이유와 그 결과를 명확히 정리한다. (추천: 사회초년생에게는 올바른 성공의 길을 알려주고, 힘껏 달려온 상사에게는 따뜻한 위로와 공감을 주는 책)

회사 개념어 사전

류랑도 지음 | 14,000원

"프로는 일에 대한 개념부터 다르다!" 《일을 했으면 성과를 내라》, 《제대로 시켜라》 등으로 직장인의 '일 멘토'로 자리매김한 저자가 실제 업무현장에서 가장 많이 쓰는 개념어를 엄선했다. 연차가 쌓일수록 빛을 발하는 기본기를 익힐 수 있도록 도와준다. (추천: 일의 기초, 회사 생활의 기본기를 되짚어 봐야 할 모든 직장인을 위한 책)

평생내공, 첫 3년에 결정된다

이와세 다이스케 지음 | 황미숙 옮김 | 13,000원

회사생활을 배우는 데도 때가 있다! 지금부터 3년, 이것만 기억하라! 이 책은 누구도 알려주지 않은 상사 대하는 법, 일 배우는 법, 성장하는 법을 공개한다. 직장생활의 실질적인 해법뿐 아니라, 평생 마음에 새길 수 있는 사회생활의 지혜를 담은 책. (추천: 사회 초년생 및 2~3년차 직장인을 위한 책)

멈추면, 비로소 보이는 것들
혜민 지음 | 우창헌 그림 | 14,000원

관계에 대해, 사랑에 대해, 인생과 희망에 대해… '영혼의 멘토, 청춘의 도반' 혜민 스님의 마음 매뉴얼! 하버드 재학 중 출가하여 승려이자 미국 대학교수라는 특별한 인생을 사는 혜민 스님. 수십만 트위터리안들이 먼저 읽고 감동한 혜민 스님의 인생 잠언! (추천: 쫓기는 듯한 삶에 지친 이들에게 위안과 격려를 주는 책)

아프니까 청춘이다
김난도 지음 | 14,000원

180만 청춘을 위로하다! 이 시대 최고의 멘토, 김난도 교수의 인생 강의실! 저자는 이 책에서 불안하고 아픈 청춘들에게 따뜻한 위로의 글, 따끔한 죽비 같은 글을 전한다. 스스로를 돌아보고, 추스르고, 다시 시작하게 하는 멘토링 에세이집. (추천: 인생 앞에 홀로서기를 시작하는 청춘을 응원하는 책)

마음 아프지 마
윤대현 지음 | 15,000원

연애부터 일까지, 언제나 당신의 편이 되어줄 파격적인 인생상담. 이 책은 인생에서 빼놓을 수 없는 화두인 연애, 우정, 가족, 직장 등에 대한 고민과 저절로 마음이 든든해지는 해결책을 담고 있다. 현실적인 인생진단과 위안을 동시에 얻고 싶은 욕심 많은 청춘에게 명쾌한 처방전이 되어줄 것이다.

현대카드 이야기: 비즈니스를 발명하는 회사
이지훈 지음 | 16,000원

연회비 200만 원짜리 VVIP 카드, 슈퍼 콘서트, 슈퍼매치, 슈퍼토크… 하는 일마다 세상의 이목을 집중시키며 "카드 회사 맞아?"라는 감탄과 궁금증을 자아내는 독특한 회사, 현대카드. 현대카드의 성공을 가능케 한 그들만의 독특한 기업문화와 일하는 방식을 밝힌다! (추천: 일과 경영에서 '퍼스트 무버'를 꿈꾸는 이들에게 건네는 살아 있는 교과서)

혼·창·통: 당신은 이 셋을 가졌는가?
이지훈 지음 | 14,000원

세계 최고의 경영대가, CEO들이 말하는 성공의 3가지 道, '혼(魂), 창(創), 통(通)'! 조선일보 위클리비즈 편집장이자 경제학 박사인 저자가 3년간의 심층 취재를 토대로, 대가들의 황금 같은 메시지, 살아 펄떡이는 사례를 본인의 식견과 통찰력으로 풀어냈다. (추천: 삶과 조직 경영에 있어 근원적인 해법을 찾는 모든 사람)

ABILITY

SINCERITY

COMMUNICATION

SELF-MANAGEMENT

PROFESSIONAL